志をつらぬく

HS政経塾 編著

HS政経塾の挑戦

まえがき

ＨＳ政経塾は、２０２０年４月に10周年を迎えます。

これまでお支えくださった皆様に、心より感謝申し上げます。

２０１０年４月３日、創立者である大川隆法名誉塾長は開塾にあたって、次のように語られました（『夢の創造』）。

ＨＳ政経塾は、まだ規模が小さいので、そう多くの人に知られているわけではありませんが、あえて志を述べれば、「現代の松下村塾《しょうかそんじゅく》は、ここにあり」というところです。

志は、「現代の松下村塾」――。

明治維新の源流となった吉田松陰《しょういん》の松下村塾からは、数多くの維新の立役者や、近代日本の礎を築いた方々が輩出されました。

江戸末期は、西洋列強に日本が植民地にされかねない危機の時代でした。

現代もまた、わが国は軍拡を続ける隣国に脅かされ、国内経済も閉塞感から脱せない、内憂外患《ないゆうがいかん》に直面しています。

そのような中、２００９年に大川隆法総裁（幸福の科学グループ創始者兼総裁）は幸福実現党を立党されました。その翌年に、ＨＳ政経塾は、未来の日本を背負う、政界・財界で活躍するエリート養成のための社会人養成機関として開塾したのです。

「この国や世界のために命をかけたい」と志した若者が集い、３年間の研修期間の中で、大川隆法名誉塾長の教えを中心に、法律や政治、経済・経営などの専門知識の修得や体力修行、弁論術や語学力の向上、書道や茶道・華道などの伝統文化への見識を深めるなど、日々自己研鑽に励んでいます。

そして、30余名の卒塾生たちは今、全国各地で活動を展開しています。

私たちの「志」は何か。

なぜ、「志をつらぬく」のか。

第1章では、全国各地で活動している卒塾生に、現地で見たこと、聞いたこと、感じたこと、そして、実現したいことをインタビューしました。

第2章は、現在、市会議員をしている卒塾生の活動を紹介しています。

第3章は、中東・イランや香港・台湾を視察した卒塾生たちとともに、現在の国際情勢や、これからの日本について語り合いました。

第4章は、HS政経塾の目指すものについて、卒塾生との対談をまじえつつ、筆を執らせていただきました。

HS政経塾の挑戦は、まだ始まったばかりです。

本書が、一人でも多くの方に「HS政経塾」をご理解いただき、一人でも多くの若者にとって政治への志を立てる際の一助となれば幸いです。

2020年1月27日

HS政経塾　塾長　原口実季

志をつらぬく　ＨＳ政経塾の挑戦　目次

FREE HONG KONG
香港加油

4 新時代の「平和都市」広島に向けて 野村昌央《まさてる》 86

第2章 現職議員の活躍 103

※文中、特に著者名を明記していない書籍は、
原則、大川隆法著のものです。

第1章

私たちはなぜ戦い続けるのか

1. 大阪から日本を豊かに

対談　数森圭吾×原口実季

数森圭吾（かずもり・けいご）　1979年、大阪府大阪狭山市生まれ。早稲田大学社会科学部卒業後、商社勤務を経てHS政経塾に入塾（第四期生）。塾では中小企業政策などを研究。現在、幸福実現党大阪府本部副代表（兼）大阪府第5支部代表。

商社マンから政治の道に

原口　まず、今日に至るまでの歩みを聞かせてください。

数森　私は、高校3年生の頃から政治家になりたいと思うようになったのですが、その前の2年間ぐらいは、陶芸家になりたかったんです。空間を一変させる陶芸の魅力に心惹かれていたのですが、その話を父親にしたら、一喝をくらいました。

原口　何と言われたのですか。

数森　「大学に進学して、それでも陶芸家になりたければ、陶芸家を目指せばいい。可能な限り選択肢を増やすのも親の仕事なんだ」

そう説教した父はバリバリの企業戦士でしたね。その話を聞いた後、自分なりに考え続けた結果、政治家になりたいと思うようになりました。

政治家がつくるルールが社会の行く末を左右する。これはやはり、大きな仕事だと思い、政治家が一番多く出ている早稲田大学を目指しました。

原口　熱いお父さんですね。

数森　私は、大学生の頃、松下政経塾の卒塾生に会ったり、国際関係を専攻する中で政治関係者にアプローチしたりしました。多くの方と会う中で、政界は、極めて特殊な世界だと感じたんです。

その時、ある方から「現役代議士の秘書見習いから勉強してみるか」と紹介をいただきました。でも、大学を卒業して、そのまま政界に入ったら、自分は政治家ではなく、政治屋になってしまうと思いました。それで、広く世間を知り、ビジネスの仕組みを学ぶために商社に就職を決めました。政治家になる場合は国内にいたほうがよいので、準大手ぐらいの商社を選んだんです。

でも、9年勤め、HS政経塾に入るために退社する前に、上司から「あなたはインドに駐在することが内内定していた」と言われました。

インドに行ったら3年間は帰れないので、これは大きな分かれ目でした。

原口　絶妙なタイミングでしたね。でも、どうして入塾を決意したんですか。

数森　ある時、急に仕事が面白くなくなり、「もともとは政治家を目指していたのに、俺は何をやっているんだろう」と思うようになりました。その時に、幸福の科学の青年部に呼ばれたんです。

私の叔父は、大川総裁が１９８６年に開催した幸福の科学発足記念座談会に参加し、初期から活動していた古い信者です。だから、幸福の科学の教えは子どもの頃から学んでいました。当時、私は幸福実現党を応援していたので、青年部の職員に政治に詳しい人を紹介してもらおうと思ったんです。

その人はＨＳ政経塾に電話をかけ、採用担当の塾スタッフと話をしました。ちょうど塾生を募集している時期だったので見学することになりました。

原口　塾に来るめぐり合わせがあったんですね。

数森　私は、子どもの頃から幸福の科学の書籍を読み、活動する中で、「とてもまじめな団体」というイメージを持っていたので、「別の側面はないのだろうか」という疑問を持っていました。それで、ＨＳ政経塾はどれぐらい異質な者を受け入れられるのかを知りたくなり、わざと破れたジーンズとシルバーのアクセサリーをつけ、街のお兄さん風の格好でＨＳ政経塾に行ったのです。

その時、塾を見て、「すばらしい環境だ。絶対、ここで勉強したい」と思いました。さらに、面談してくれた塾スタッフも、私を見かけだけでは判断しませんでした。私が心から政治家を目指していることを見抜き、「一緒に勉強しましょう」と言ってくれました。むろん、私は、その時にラフな格好で来たことを謝ったのですが（笑）。

原口　そんなことがあったんですか。

数森　その後に面談した教団職員も、私の「中身」を見てくれました。そうした、個性を大切にするカルチャーに感銘を受けたのです。

世間では「新興宗教は独裁的で、一つの考え方を押し付けられる」というイメージを持たれている方も多いのかもしれません。

しかし、幸福の科学は寛容さを大切にし、公の理想に生き、人々の幸福のために努力する人たちが数多く集まっているところだと肌で感じました。本当に「自由の風」が吹いていると思ったのです。

そして、そういったカルチャーは大川総裁の教えから生まれたということが、後でよくわかりました。

大川隆法名誉塾長との出会い

原口　入塾の時に大川名誉塾長から御法話がありましたよね。

数森　入塾式では、名誉塾長が「大政治家としての自己修行法」という御法話をしてくださり、その場で決意表明をさせていただきました。

そのご期待に応えるために、幸福実現党に誇りをもって、正々堂々と戦い続けていきたいと思うのです。

原口　名誉塾長を間近で見た時、どんなことを感じましたか。

数森　強さと優しさの両方を感じました。

質疑応答で、「権謀術数ではなく、正々堂々と胸を張って日本の未来のために戦うべきだ」ということを教えられた時、今後の日本を見据えながら、本気で我々を育ててくださろうとしているんだなと思ったことを覚えています。

見たこともないほど大きく、一本の大樹のようにそびえたつ存在に出会ったのです。これは魂に薫習《くんじゅう》される経験でした。前後際断《ぜんごさいだん》して、新しい人生を始めたんです。

同じ塾生の仲間との絆もできました。

私の知人には「あいつは給料が下がってまで勝てもしない選挙に出て、何をやっているんだ」と思っている人もいます。

でも、後悔は何もなく、それどころかやりがいを感じています。

退路を断って来ているので、何があっても逃げるつもりはありません。

「大阪魂」を取り戻したい

原口　普段、大阪の人たちにどんなことを訴えているのですか。

数森　「独立自尊の精神で豊かになろう」と訴えています。

幸福実現党は減税や規制の撤廃で、努力する人が豊かになれる世の中を目指しています。しかし、今の政治家は社会保障ばかりを叫ぶので、政府に頼り、補助金などを欲しがる人が増えるようになったと思うのです。

しかし、本来の大阪マインドはそんなものではなく、独立自尊の精神です。

原口　天下の台所ですからね。

数森　大阪の繁栄の礎を築いた人の一人としては、中之島に米相場をつくった淀屋《よどや》常安《じょうあん》という方がいます。この人は大阪夏の陣の後、商いによる大阪復興を志しました。私財をはたいて河川を整備し、誰も見向きもしない中洲を、米取引の中心地に変え、大きな資産を築きました。

原口　江戸時代に米の先物取引を始めた人ですよね。

数森　そうです。大阪には、自助努力の伝統が根強く流れています。お上に頼らず、自助努力で得た富をもって公のために尽くす「商魂」がありました。これは、松下幸之助氏も同じです。松下氏が「商売は世のため人のための奉仕にして、利益はその当然の報酬なり」(※)という言葉を掲げたように、世の中のことを考えているのが、なにわの商人魂《あきんど》だと思います。

※元は「近江商人十訓」の一つだが、松下幸之助氏はこの言葉を「商売戦術三十箇条」の第一条に掲げた。

原口　しかし、今の日本では、格差社会批判なども広がっていますよね。

数森　「格差そのものが悪だ」という考え方を、違った観点から見直すことが大事です。極端な例ですが、年収２０００万円の人と２００万円の人がいたとして、両者の所得が同じく10倍になったとしたら、物価が極端に大きく変わらない限り、格差が広がっても文句を言う人はいないんじゃないでしょうか。実質的にＧＤＰと給料が伸びていくことが大事なんです。

だから、格差自体が悪なのではなく、貧しさから抜け出せない社会が問題だと言えます。自助努力の精神でもっと豊かになる方法を探すべきなんです。

フロンティア精神を妨げるものをなくしたい

数森　大阪は、各地から商売人が来て才能を開花させた土地なので、もともとはフロンティア精神にあふれています。

株式会社イトーキをつくった伊藤喜十郎《きじゅうろう》氏は「わしが先例や。みなさんは後から来ればいい」と言っていました。そうした気概とフロンティア精神を持った人を増やし、大阪マインドを現代にもう一度開花させたいのです。

補助金などの「アメ」をばらまく人が多いのですが、やはり、「大阪人をバカにするな」と言わなければいけないんですよ。

原口　それが、なにわ商人《あきんど》だったんですね。

数森　フロンティア開拓は独立自尊の精神がないとできないと思います。そうした意識が芽生える豊かな土壌を整備するために、税金を安くし、一部の業界の権益を守るだけの規制をなくしたいのです。フロンティア精神を育み、一つでも多くの努力が報われる環境づくりも政治の仕事だと考えています。

「相続税」が経営者の夢を阻む

数森　しかし、稼いだお金を高い税金で持っていかれるようでは、夢が持てません。その一つが相続税です。事業を子どもに譲り、次の世代にまで発展させたいと思う経営者は多いのですが、その夢がこれで妨げられてきました。

社長が若い頃に少額の資本金で起業し、数十年かけて発展した企業を息子に継がせる場合、昔は数百万円だった自社株が数億円にまで上がっていることがあります。

この株を後継者に渡した場合、相続・贈与・譲渡のどれでも大きな税金がかかります。億単位になることもあるので、大変なのです。

原口　どんな問題が起きるのですか？

数森　税金分のお金が要るのですが、社長の息子でも、そんな大金を持っていることはまれです。しかし、非上場企業の株を売ったら、売った人に会社の経営権まで渡すことになります。

そのため、相続対策で資産を増やして赤字をつくり、自社株の評価を下げたりすることがあります。非上場株の値段は、会社の純資産や利益などから計算されるからです。「大きな設備投資がある時に継いだらよい」とも言われますが、子どもに継ごうと思い立った時、投資の機会があるとは限りません。

さすがに政府も、近年は事業承継の特例をつくり始めましたが、相続税の根本には問題があります。

原口　近年では、相続税の改正で、中金持ちまで課税されるようになりましたね。アメリカではトランプ減税で相続の控除が2倍になったのに。

数森　中小企業の後継がスムーズにいくよう、まずは、事業承継の特例の幅を広げるべきです。そのうえで、資産家の逃亡を防ぎ、お金持ちを招くという観点からも、相続税の廃止を実現したいと考えています。

消費税10％と複雑な軽減税率で小売は大変

原口　２０１９年から消費税増税と軽減税率が同時に始まりましたが、大阪の皆様はどのように受け止めているのでしょうか。

数森　軽減税率で商店街は大変です。大阪名物といえば、たこ焼きですが、実際にお店で聞いてみると、「軽減」になっていないという反応でした。

例えば、たこ焼きを持ち帰れば８％ですが、そのために必要なたこや粉、箱などには10％の消費税がかかっています。原材料などは10％なので、差額を実質的に店が負担することがあります。この制度は不評です。

原口　よくわからない根拠で税率に差がつき、事務の負担が増えるんですよね。

数森　自分が売り場で働く場合、こういう複雑な制度をつくられると困ります。公

商店街を訪問して

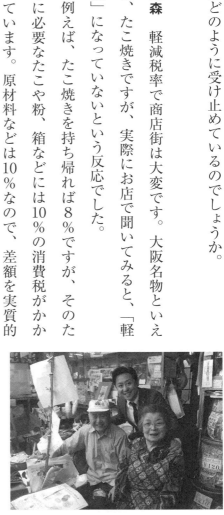

明党は、軽減税率で庶民の味方を目指したのですが、結局、この制度で庶民が割を食っています。

原口　今回、便乗値上げがすごくて東京の主婦からも悲鳴が上がっています。「同じ値段でも量が減っている。子どもが食べる量は同じなのに」という声を聞くことが増えてきました。

数森　物価と同じだけ給料が増えているとは限りませんからね。消費税が8%から10%になって、重税感が出てきました。

原口　10%は数えやすいから、税の重みを感じやすくなったんだと思います。1000円の買い物をして、100円玉が出ていく時、多くの人が「取られた」という痛みを感じるのではないでしょうか。

数森　６年前までは５％だったのに、短期間で２倍の税率になりました。誰でも計算できるから、税の重みが実感を増してくる。心理面でのダメージが大きいから、景気にも影響が出てくるはずです。

「介護保険」に納得できない社長の声

数森　中小企業はあまり法人税を払えていないのですが、それでも、従業員の社会保険料を納めなければいけません。私は、とある社長から、「介護保険の仕組みには納得できない」という声を聞きました。

原口　どんなご意見だったのでしょうか。

数森　介護保険は、家族や親族で助け合える方や、将来、自己資産で介護を賄える方からも一律にお金を集めています。さらに、無駄なサービスに保険料や税金が投入されているというのです。

実際、介護が要らない人が女性のヘルパーさんをスナックのお姉さんのように扱って、本来の仕事をさせずに、延々と話しているケースがあるのです。

「介護を必要としない人にまでサービスを提供する仕組みの中で介護保険料を払い続けることには大きな疑問がある」という意見を聞きました。

維新の会が進める「大阪都構想」の問題点

数森　社長さんに政治への期待を聞くと、みな、「景気をよくしてほしい」という答えが返ってきます。しかし、今の日本は、30年近く成長していません。景気がよくなることをあきらめている人もいます。この中でやっていくしかないという意見です。しかし、働いても暮らしがよくならず、理想が描けないと、人の心が腐ってきます。そうならないよう、環境を整備するのが政治の仕事です。

原口　でも、今の政府はお金を配ることばかり考えていますね。

数森　自民党には、戦後の日本を支えてきたという功績はあると思います。しかし、その中で既得権益や利害関係が固まりすぎました。最近は、野党と同じく、教育無償化などのバラマキに走っています。

原口　手詰まりになって、バラマキと増税のセットが出てきました。

数森　大阪では、そういう既得権益に切り込む勢力として、維新の会が府民の人気を集めるようになりました。旧体制の悪いイメージが市民の間に広がっていたので、古い大阪の体制に反対していた人が維新に行ったのです。

高すぎる公務員の人件費を下げるなど、橋本知事の頃にコストカットを行い、旧体制で甘い汁を吸っている人をこらしめたので、人気が集まったのです。

原口　維新の会と言えば「大阪都構想」で知られていますよね。

数森　これは、府と市の二重行政の解消などをうたった行政改革の構想です。しかし、その効果の試算には異常に大きなばらつきがあります。

府が調査を委託した嘉悦大学はコスト削減と経済効果にそれぞれ約1兆円（10年間）を見込み、自民党大阪市議団は200億円のコスト増を予測していました。

都構想に関しては、過去に、人口や面積などから、市民の生活やインフラなどを支えるために必要な最低限の費用（基準財政需要額）が明かされたことはありません。その経済効果の中には、大阪都にしなくてもできる政策の効果が含まれたり、都創設に伴う経費が無視されたりしているとも言われているのです。

改革の効果について府民が確かな情報をつかめないのに、2020年の秋に府民投票が行われることに危惧を感じています。

また、大阪都ができ、各地で道州制を目指す動きが本格化すれば、中央政府の国家戦略と矛盾するかたちでの「地方分権」が進みかねません。

例えば、もし、沖縄県が琉球州になったら、沖縄普天間基地の移転などは、もっと難しくなります。

原口　「維新」という言葉にふさわしくない結果のようにも思えます。

数森　明治維新の志士は、命を懸けて国を一つにし、国を強く、豊かにしようとしたのですが、維新の会は、都構想を実現し、日本を解体する道州制の先駆けを目指しています。彼らの都構想は、道州制の中から生まれたんです。「維新」を語りながら日本をバラバラにしようとしているので、オリジナルの「維新」とはまったく逆の方向に行こうとしています。

カジノ構想にみる拝金主義

数森　大阪では、維新の会に対抗できる党がないため、都構想に反対して自民党と共産党が手を組むという異例の事態となりました。
　しかし、連立与党の公明党は、２０１９年に維新の会の刺客候補を恐れて賛成へと軟化し、自民党の大阪府連会長（当時）も、勝手に「都構想推進に変えます」と言ってしまいました。自民党は党内で混乱が続いていたようです。

都構想以外の政策を見ると、自民党は、「憲法改正」のために維新の会との関係を強めており、その中で「カジノ建設」も推進してきました。大阪市では、人工島・夢洲が候補地になっています。

原口　大阪も、統合型リゾート（ＩＲ）の建設地に選ばれましたよね。

数森　賛成派は経済効果を見込んでいます。外国資本が入ってきて大阪の埋立地を利用して賃料を払うので、府は潤います。鉄道を通す予算も企業が負担するとも言われています。しかし、実際は、無視されているリスクもあると思います。

例えば、エンターテインメントという名目で外資企業が入ってきて、全国で日本の土地などを買っていく可能性が考えられます。

日本は外国資本が土地を買える国です。そこに中国系のカジノ業者が入ってきて、日本の要所を買い占めようとした時、行政側がノーと言えるのでしょうか。

今のままでは、「多額の税金を納めてくれる『お得意様』だから言うことを聞かなければいけない」という結果になりかねません。

外国資本への対策がないという問題点を指摘したいと考えているのです。

原口　当然、ギャンブル中毒のリスクもあります。

数森　そうですね。ファミリー層で遊びに行った時、ギャンブルをしない方が初めてカジノに触れることがありえます。入場料で6000円取られたら、取り返したくなります。その結果、ギャンブルが増えるわけです。

私は、カジノで諸手を挙げて外資に来てほしいという政府が情けない。

悪意のあるしたたかな国から見たら、外資対策のない愚かな国に見えているのではないでしょうか。

今までの政党と幸福実現党の大きな違い

原口　今の日本では、どの政党も「社会保障の強化」を訴えています。「お金を配るのがいい政治だ」と言っているようにも思えるのですが、こうした風潮について、どう感じていますか。

数森　お金をもらうにしても、楽をしたい人が生活保護をもらうのと、努力して成功してお金を稼ぐのとでは、大違いです。そこには、努力を通して幸福をつかみ取るという考え方が抜けているのではないでしょうか。

原口　多くの政党が「政府の力であなたの暮らしを守ります」というようなことを言っていますね。

数森　そうですね。しかし、毎日、政府からお金をもらえることが、幸せなのでしょうか。人間の幸福には「努力」や「利他」が必要になると思います。苦労や努力を通じて得られる幸福もあるはずです。

さらには、苦労すればこそ、他の人を助けたいという気持ちになります。時に、自分に何の得がなくても、人を幸せにできた時、幸福を感じる方もいらっしゃるのではないでしょうか。

必ずしも「楽＝幸福」ではないと思います。

こうした幸せは、政府に与えられるものではなく、自分の心でつかみとるものなので、単にお金を配ればよいという考え方には賛成できません。

原口　幸福というのは、もっと宗教的な問題なんですよね。

数森　独立自尊の精神が損なわれるのなら、何にもなりません。

今、現職の政治家に「人間にとっての幸福って何だと思いますか」と問うた時、即答できる人がどれだけいるかは疑問です。

根本的な人生観や死生観がなければ、その問いには答えられないと思います。「幸福とは何か。人を幸福にするとは、どういうことか」という問題に答えられなければ、本当の政治はできないのではないでしょうか。

人間の幸福というのは「魂をいかに成長させるか」に帰着するのかもしれません。そのためには、先ほど述べた努力や利他が大切になってくると思います。「それが可能な環境をつくるのが政治家の仕事だ」と心から思っているのです。

原口　昔ながらの刻苦勉励の精神を忘れたくないものです。

数森　そして、神仏を信じることが大事だと思います。本当に信仰心のある人は謙虚で、人を裏切らず、公のために生きています。

アメリカでも、リンカンがホワイトハウスを祈りの家に変えたという逸話がありました。リンカンは、公僕であり続けるために、神の前に謙虚に祈り続けたのではないでしょうか。

私も、神に祈る謙虚な心を持ち、宗教政治家を目指して、公のために努力していきたいと考えております。

2　神奈川から全ての世代が輝く社会をつくる

対談　壹岐愛子×原口実季

壹岐愛子（いき・あいこ）　１９８５年、神奈川県川崎市生まれ。多摩大学経営情報学部卒業後、ＯＡ機器商社勤務を経て、ＨＳ政経塾に入塾（第四期生）。現在、幸福実現党神奈川県本部統括支部代表（兼）第３支部代表。

釈党首との出会い

原口　在塾中から神奈川で政治活動を続けられていますが、そもそも、どういう経緯で塾に入ったのでしょうか。

壹岐　もとをたどると、10年前に信仰に目覚めたことが、すべての始まりでした。当時、ＯＡ機器商社でシステム営業をしていたのですが、仕事でミスをして顧客から大きなクレームを出してしまい、落ち込んでいました。

その頃、幸福の科学の支部に招かれ、10年ぶりぐらいに川崎の信者の皆様と再会したのです。そして、総本山の那須精舎に行った時、その荘厳さに感動し、涙が止まらなくなりました。「自分はここで生きていくんだ」と思ったんです。

原口　その後、幸福の科学の青年部で活動したんですよね。

壹岐　当時、青年局長をしていたのは今の釈党首です。実は、私は、初めは釈局長（当時）が苦手だったのですが、青年部の活動や教学で面倒を見てもらい、釈局長を尊敬するようになったのです。

原口　私も学生時代から大変お世話になっています。釈党首は、当時、学生局長をしていましたが、恋愛や人間関係などの悩みに、とても親身になって相談に乗ってくださっていました。

世間では、「国防を訴える強い女性」というイメージを持たれている方もいらっしゃいますが、素顔の釈党首はフランクでお母さんのような面も強いと思っています。

壹岐　当時の釈局長は「何でも相談していいから」と言っていました。いつも人物をよく見ていましたし、新しい人が幸福の科学に入ってきたら、「その人が、どんな人なのか」という話を熱心に聞いていました。

今もそうですが、常に若い人に期待をかけていたと思います。

あと、党首は大変な勉強家で、忙しい中でも、移動中に勉強しています。電車に乗ったらすぐに本を開いて勉強しているのです。

政治をどのように志したのか

壹岐　その後、熱心に青年部で活動するようになり、釈局長に「政治の道を志さないか」と言われたんです。その頃、政治についてはよく分からなかったので、HS政経塾に行って勉強をすればよいのではと思い立ちました。

原口　昔から政治家になりたいと思っていた

のですか？

壹岐　リーマンショックが起きた頃、当時、勤めていた会社が初めてリストラを行い、ショックを受けました。それで、政治に関心を持つようになったんです。

原口　どんなことが社内で起きていたんですか。

壹岐　同僚やお世話になった先輩が突然にいなくなる。「退職金は弾むから」とか言われて、同意した人はすぐに辞め、しなかった人は、閑職に飛ばされるんです。

セールスでトップの成績を出した人がなぜか厳しい処遇に遭い、「こんな結末なのかよ」と怒って辞めていく姿も見ました。クレームで一番、迷惑をかけてしまった上司も辞めていきました。これがきっかけで社会問題に興味が湧いてきたんです。

原口　最近、「働き方改革」でやる気を削がれている人も増えていますよね。

壹岐　そうですよね。残業時間制限で稼げなくなり、結局、月収が減っているケースが多い。社会保険料も高いし、消費増税と商品の値上げで暮らしは大変です。年収面でみると、若い世代は大変なのではないでしょうか。

政治活動では消費税の減税も訴え続けてきましたが、会社時代のことを思い出すと、みんなの暮らしを楽にできる政治家になりたいと思うのです。

原口　入塾式でも大きな決意をされていましたね。

壹岐　「壹岐愛子が塾に入ったのは投資か浪費かと聞かれた時、『投資だった』と思っていただけるように頑張ります」と名誉塾長の前で発表しました。「名誉塾長の理想を世に伝え、人々との懸け橋になります」と誓いました。

その時のことは、今でも忘れられません。

こうした機会を通して、多くの人のために生きる指針を頂きました。その恩返しだと思い、私は、今も活動を続けています。

中高生に、政治についての本音を聞くと……

原口　壹岐さんは中高生に人気があると聞きました。何か理由があるのですか。

壹岐　人気があるかどうかは他人様が判断することなので、何とも言えませんが、中高生とのふれあいは、自然発生的に始まりました。街宣活動やポスターなどをみて、私に関心を持ってくれる人が出てきたんです。

ツイッターを通して中高生の恋愛やバイト、進路について相談を受けたこともあります。彼氏ができた女子も2人ほどいました。

原口　中高生は、今の政治について、どんな印象を持っているのでしょうか。

壹岐　「嘘が多い」と感じている人が多いようです。与党も野党も国民のご機嫌をとって、「こうすれば暮らしが楽になる」と言うのですが、蓋を開けたら嘘ばかり。そんな政治を見てきたからだと思います。あまり報道されませんが、中高生から大学生ぐらいまでの世代で、「こんな日本で大丈夫なのか」と憂いている方は、かなりいるのです。そうした方が、街宣の内容を親に伝えてくれたりもするので、本当にありがたいことだと心から感謝しています。

原口　最近の反応はどうですか。

壹岐　数年前に高校生だった人が成人し、自分のことを覚えてくれているのがうれしいです。今でも、街宣を見にきてくれる人たちがいます。
そうした方々は、幸福実現党に、「迎合せずに日本に必要なことを訴え、国を変えてほしい」と期待しています。嘘ばかりの政治では、中高生は夢を描けなくなるからです。彼らに借金のツケを残すような政治を終わらせ、日本の未来を拓きたいと心から願って活動を続けています。

いじめ対策に取り組んで

原口　中高生のいじめについても、対策の強化を訴えていますね。

壹岐　16年12月に、神奈川県議会に対して、文科相に「いじめ防止対策推進法」の改正を働きかけるよう、要請しました。

当時、横浜市で男子生徒が150万円も恐喝されていたのに、教育委員会がいじめだと認めなかったという事件もありました。いじめ対策は、とても大事な活動です。

神奈川県でいじめ対策に取り組まれている元教員の方によれば、いじめがあっても、「あと1年で校長をやめるので、穏便にしておいてほしい」という校長が実際にいるとも聞きました。

それで、ツイッターで中高生のいじめの実態について聞くと、何人か返信が返ってきました。気になるのは「追い詰められているのに、誰も助けてくれない」ということです。卒業後の夢だけを頼りに耐えているといった、悲痛な声も伺っています。何とかして、この問題は解決しなければいけません。

原口　もっと道徳観や宗教的な倫理の大切さを訴え、対策を強化したいですね。

「幼児教育無償化」が進む中で気を付けるべきこと

原口　教育では「無償化」も大きな争点ですね。

壹岐　各党が票稼ぎのために、幼児教育の「無償化」の範囲を広げた結果、保育園に子どもを預ける人が増えました。最近は、預けなくても生活できるお母さんが「無料なら」ということで申し込むので、本当に預けないと困るお母さんが預けられなくなるケースも増えています。

原口　教育無償化は「子どもは社会で育てる」という発想からきているので、実際は、お金だけの問題にとどまらないのではないでしょうか。

壹岐　これに関して、とある保育園の理事長が、子どもを保育園に預け切りにすることに警鐘を鳴らされていました。

保育園では、子どもが好きな方が先生をしているのですが、何もかもを教えられるわけではなく、しつけなどにまで手が回らないこともあるからです。

その方は、「だから、大事なのは、ご両親が、その時その時に、子どもに真剣に向き合うことなんだ」と言われていました。

原口　結局、親と子が、今しかない時間を一緒に過ごすことが大事なんですね。

壹岐　その方は、0歳からスマホをみせて子どもを泣きやませているのに違和感を感じていました。スマホの動画を見せておけば静かになるので、そうするお母さんが増えているのです。子育てが大変なので、そうなりがちですが、やりすぎた場合、後の影響が心配です。

「働き方改革」がもたらす収入減

原口　ところで、教育無償化でお金を配っても、そもそも「働き方改革」で残業がなくなれば、収入が減り、子育ては大変になりますよね。

壹岐　友達や知人に聴くと、「将来が不安なので、若いうちに一生懸命働いてお金を貯めなければいけない」とよく言われます。

神奈川県は、女性が結婚して会社を辞める率が高いのですが、そうした方々も、子育てをしながら、何かしら働いています。

生活が楽ではない多くの家計にとって、「労働時間を減らしてスマートに働こう。プレミアムフライデーを楽しもう」という、政府の発信には現実感がありません。

原口　この改革には「働きたい方」を無視している、という根本的な問題があるのではないでしょうか。

壹岐　スタッフに残業させられないので、結局、店主がフルで働き詰めになったりしています。

最近は、最低賃金の引き上げも進められていますが、妻の年収が１０３万円を超えると、そこに所得税がかかります。そうなった段階で働かなくなる方が増えます。その結果、年末に働き手がいなくなり、店主が大変な思いをするわけです。

原口　国民の生活実感から離れた変な政策が多いですよね。

壹岐　多くの家計が、残業代込みで収入を計算しているので、結局、切り詰めなければいけなくなってしまいました。

勤労の美徳の奥にある「使命感」

原口　日本の「勤労の美徳」も無視されています。

壹岐　私は、最近、政治活動をしている時、85歳のおじいさんが日曜日の朝９時から働いている姿を見ました。ＪＲに納入する工作機械をつくっており、「うちにしかない機械だから、わしが整備するしかないんだ」と言われていたのです。

お話を伺い、この方にとって、働くことは苦痛ではなく、生きる理由そのものなんだと実感しました。そうした方々が戦後日本をつくってこられたのだと思います。

原口　聖書では、人間は罪を犯し、その罰として働くことになったと書かれていますが、西洋には、そうした思想が流れている面もありますね。しかし、日本では、そうした思想は、メジャーではありません。古事記では、天照大神が自ら機織《はたお》りをされ、働いているわけです。

壹岐　年配になっても働くことに使命感を感じている方を見ると、何か気高いものを感じます。アルジェリア人質事件に巻き込まれた方のご遺族にお会いした時、現地には、「国のインフラを支えるんだ」という使命感を持った方が行かれていたことを教えていただきました。そこには、銭金だけで測れない夢があったのです。

私の地元にも、利他の精神で、喜んで地域のために働いている方がいます。私も、横浜の消防団に入っているのですが、団員の方々が、喜んでパトロールし、地域のお父さんお母さん役として、災害や犯罪から市民を守ろうとしている姿を数多く見てきました。そういった方々を心から尊敬しています。

高齢者のために消費税を引き上げたら……

原口　あと、消費税10％への増税は、当然、無視できません。税金が上がったあとは、どんな話を見聞きしましたか。

壹岐　私の知っているお店で、3つぐらい閉店したところがありました。どれも高齢者が営んでいる事業なのですが、消費税が8％から10％になれば、売上が減るので、営業の継続をあきらめたのです。

50年続いていた街のお蕎麦《そば》屋さんと煙草《たばこ》屋さん。80代の店主が営むクリーニング店が閉店しました。増税で閉店に追い込まれたようにも見えます。

社会保障のために増税した結果、自営業者をやめて社会保障に頼らざるを得なくなったわけです。

原口　本末転倒な結果ですね。

壹岐　生涯現役で働けるのがいちばんいいのに、残念です。

政府はキャッシュレスポイントで増税の痛みは緩和されると言っていますが、テーブルが10個もない個人の飲食業の場合、キャッシュレス対応をしても採算があわないという声も伺いました。

そういうお店には、軽減税率のわずらわしさと、増税のダメージがのしかかるだけです。

横浜にカジノはいらない

原口　今、力を入れている政治活動は何ですか？

壹岐　神奈川でカジノ反対運動の署名をしています。政治家の思惑とは真逆に、横浜では反対の方がすごく多いんです。女性のほとんどは反対です。

朝日新聞の調査（※）では、横浜へのＩＲ誘致は反対が64％。賛成は26％しかなく、女性の77％が反対しています。

原口　神奈川では、どこがカジノの立地候補地になっているのですか。

壹岐　横浜港にある山下ふ頭（横浜市中区）です。

山下公園のあたりは風光明媚ですが、少し離れたところに、普通の人が行きたがらないような地区もあります。

横浜市長宛にIR誘致撤回を求める要望書を提出

※2019年9月28日～29日の調査

わりと格差の大きなところでカジノを建てた後の影響が心配です。美しい街が汚されるような気がしますし、「やや乱れた地域が、本当に怖い場所になってしまうのではないか」という危惧を感じています。

原口　横浜は、映画やドラマでもよく出てきますよね。

壹岐　横浜は、住みたい街のランキング（※）では、2年連続で日本一になっています。十分に魅力的な街なので、正攻法で人を集められます。

海外では、看板となる都市から離れたところにカジノをつくり、地域の活性化を図るようなケースもありますが、横浜はそういう都市ではないわけです。

そんなところでカジノをつくる必要があるとは思えません。

原口　政治家は「統合型リゾート」と呼んで、実態をごまかしていますよね。

※リクルート住まいカンパニーが関東圏に居住する20歳～49歳の7000人を対象に実施した「SUUMO住みたい街ランキング関東版」（2018年／2019年）

壹岐　ＩＲ施設のうちカジノの比率は小さい、という理屈なんですよね。でも、それは全体の地域を大きくカウントして小さく見せているだけです。例えば、カジノが全体の３％でも、それ以外の施設の利益率は低いので、カジノがなければ成り立たないようになっています。「目玉」がカジノであることは、間違いないんです。

原口　私たちは宗教政党ですから、経済倫理から見て、カジノは認められません。

壹岐　そうですよね。地元も強く反対しています。

自民党がこれを押しているのは、憲法改正などで維新の会と連携したいからですが、トランプ大統領の「押し」もあるのではないかと言われています。日米首脳会談などでこれが話題にのぼったとも報じられているのです。

私たちは、共和党のトランプ政権を支持していますが、その政策に盲目的に賛成しているわけではありません。常に、「何が正しいか」を考えているからです。

心に寄り添い、元気と希望を届ける活動を

原口　２０１９年には、神奈川の災害ボランティアもされていましたね。

壹岐　川崎では泥のかき出しを行い、塾生や地域の皆様とともに、がれきを何百個も運びました。体力勝負なので、まさに若い世代がやるべき仕事です。
　現地では、一人でボランティアに参加している方もいました。そうした方々を見て、「困っている人を助けたい」という日本人の優しさを感じました。

原口　品川で募金活動をしたら、何と、１時間で10万円以上も集まったことがありました。日

被災地での復興支援活動

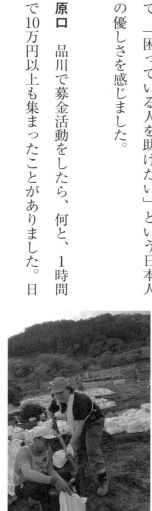

本は、やはり、美しい心を持った方々がいる素晴らしい国です。

壹岐　台風の後、現地は大変でした。「普通なら年末に向けて商店の売上が上がっていく時期なのに、ずっと、売上が横ばいだ」という嘆きの声を聞きました。

原口　だからこそ、これからを違った時代にしなければいけませんね。

壹岐　日本は少子高齢化が進んでいますが、だからこそ、若い世代が政治に真剣に取り組まなければいけないと思います。

私の住む神奈川県は、東京に次ぐ人口を擁し、日本の縮図ともいわれている地域です。この地域から、私利私欲、利権にまみれた政治を終わらせ、一人ひとりが「この国に、神奈川に生まれてよかった」と思える時代を築いていきたいのです。そのために、純粋な気持ちで人々の心に寄り添いながら、元気と希望をお届けできる宗教政治家になれるよう、これからも現場で研鑽を積んでまいります。

3　青森の皆様を守る盾になりたい　三国佑貴

三国佑貴（みくに・ゆうき）　１９８５年、青森県弘前《ひろさき》市生まれ。日本大学商学部経営学科卒業後、幸福の科学支部長などを経て、ＨＳ政経塾に入塾（第七期生）。現在、青森県本部統括支部代表（兼）青森県第３支部代表。

人の悩みや苦しみに触れて

私は、現在、幸福実現党の青森県本部統括支部代表として活動しています。

政治を志したのは、青森県で幸福の科学の支部長として、多くの人の悩みや苦しみに接する中で、政治改革の必要性を痛感したからです。

青森県をはじめとした東北の皆様が直面した、いちばん大きな苦しみは、2011年に起きた東日本大震災でした。

私は、震災直後、幸福の科学の皆様とともに、現地に支援物資を届けるべく、利府町や石巻市、仙台市に赴きました。

現地が受けたダメージはあまりにも大きく、当時の私は、「これでは、とても手が足りない。政治の力がなければ追いつかない」と感じたことを思い出します。

「3・11」の衝撃

私は、3月11日に、幸福の科学の総本山（正心館）に参拝していましたが、その翌朝に、幸福の科学職員を東北救援に送る計画を聞かされたのです。

その頃、東京都の渋谷で働いていましたが、現地が気になってたまらず、職場に断りを入れ、ボランティアの一行に加わりました。

支援物資を運ぶために、仲間とともに、12日の朝に仙台市に旅立ったのです。

今でも、その時に見た現地の光景は忘れられません。

３月12日の夜、仙台市に向かう途中の福島で、福島第一原発が爆発したニュースを知りました。当時は情報も不足していたので、ラジオのコメンテーターは、「チェルノブイリを超える事故が起きている。一刻も早く、住民の皆様は避難をしてください」と呼びかけていました。誰もいない、深夜の閑散とした福島市街を通る時に、車中のメンバーは全員無言になりました。その時はじめて、もしかしたら死ぬかもしれないと思いました。携帯の電波がない中で、家族や友人、送り出してくれた上司に「届くのだろうか」と思いながらメールを打ったことを覚えています。

現地では火の手があがり、空が赤く染まっていた

仙台港の方では火の手が上がり、空襲を受けたかのように空が赤らんでいました。現地の方々に、食料や水、毛布やタオル、ガスコンロ、ガスボンベなどをお渡ししましたが、まったく足りません。スーパーや市役所には、配給を受けている方々の長蛇の列ができていました。断水のため、トイレの水もポリタンクで川から運んでこなければなりません。電車は止まり、車だけが頼りでしたが、ガソリンも全然足りませんでした。3日間の救援活動を行いましたが、災害が起きた地域では、火事やATMの窃盗も起きていました。家族を失って路頭に迷う人たちであふれ、地獄絵巻のような光景が展開していたのです。私は、後ろ髪を引かれるような思いで東京に帰り、その1週間後には、もう一度現地に支援に向かいました。

しかし、わずかなボランティアだけでは、十分に人を助けることができず、悔し

い思いをしました。

やはり、政治の力がなければ、大きな災害から人々を救うことはできません。

こうした経験を通して、私は、政治の大切さを実感したのです。

逆判断が続く政治を見過ごせない

しかし、当時の民主党政権の対応は遅く、震災後に復興を名目として増税するという、ありえない政治判断がなされました。

昔の日本では、仁徳天皇が、民の貧窮を憂い、民のかまどから煙が昇るまで、自らも貧窮に耐えておられましたが、今の日本では、震災が起きようが、景気が悪くなろうが、政府のための増税が続けられているのです。

そのため、私は「この逆判断が続く政治を何とかしなければ」と思い、その頃から、消費税増税に反対する運動を続けています。

増税反対の署名活動をしていた時、私に、「どんなに働いても儲からない」と悩みを打ち明けてくれた社長の会社は倒産してしまいました。

そうした方々の暮らしを楽にするためにも、政治を変えなければいけないと思い、今も消費税5％への減税を訴え続けているのです。

北朝鮮のミサイルが飛んだ時、青森では……

私は、その後、２０１６年にＨＳ政経塾に入塾しました。

そして、北朝鮮危機が本格化した２０１７年に衆院選を戦ったのです。

その年の8月29日に、青森上空を弾道ミサイルが通過しましたが、早朝にミサイルが飛んだ時、肝心のＪアラートは鳴らず、県民の間には不安が高まりました。そして、大川総裁が青森で講演をされた9月3日（演題「あきらめない心」）に、北朝鮮は6回目の核実験を行いました。後手後手で、ミサイルに対する避難訓練も行われましたが、どこにもシェルターはありません。「ここは助かる」と言える場所はないのに、「屋根のある建物の地下に避難してください」という言葉がむなしく響いているだけでした。

そうした中で、さらに、県民の皆様の不安を掻き立てる事件が起きました。

北朝鮮の木造船と、避難民とみられる数名の北朝鮮人の死体が深浦町の千畳敷《せんじょうじき》海岸に漂着したのです。その有様が知られ、普段は家の鍵を閉めずにいるほど平和な地域の方々も、鍵を閉めるようになりました。

日本の政治は「喉元を過ぎれば熱さを忘れてしまう」

当時、県民の皆様は危機を感じていましたが、県の取り組みは足りなかったと思います。今まで有事に備えていなかったので、Ｊアラートは鳴ったり鳴らなかったりという状況でしたし、避難訓練も、全市では行われませんでした。

「喉元過ぎれば熱さを忘れる」という言葉の通り、避難訓練を実施した市でも、そのあとは続かないことが多いのです。

当時、北朝鮮の核ミサイルへの対策を求める署名を提出した時、県側は「対策を実施している」と言われていました。

しかし、青森県にシェルターはなく、無防備な状態が放置されています。

県民の皆様を守る盾になりたい

そうした経緯で、私は「県民の皆様を守る盾になりたい」と思い、今日まで政治活動を続けてきました。

日本の国防強化だけでなく、核シェルターの設置や、避難訓練の実施を訴えています。核シェルターを学校や病院、公民館や市役所などにつくり、市民が逃げられる体制を固めなければなりません。また、有事に動けるように、全市で避難訓練を行う必要があります。

安倍政権は、防衛費をわずかに増やしたり、集団的自衛権を限定容認したりはしていますが、実際のところ、ミサイルに無防備な状況は変わっていません。

日本にあるミサイル防衛システムでは、北朝鮮や中国が数百発のミサイルを撃ってきた場合に迎撃しきれないからです。

幸福実現党が訴えてきたように、防衛費を倍増し、ミサイルを撃つことを踏みとどまらせるだけの抑止力(※)を持たなければ、状況は何も変わりません。

なぜ、宗教政党が国防強化や減税を訴えるのか

私は、宗教だけでは解決できない問題に立ち向かうために、政治を志しました。

例えば、どんなに宗教が人々の心を救っても、日本がチベットやウイグルのように、他国の支配下に置かれてしまったら、そこで国民が幸福になるのは困難です。

また、世界大恐慌のような時代に、経済難に悩む人に対して、「心豊かに生きてください」と言うだけでは不十分だと思います。

やはり、本当に、人を幸福にしたいのなら、現実の問題にまで踏み込まなければいけないはずです。

※抑止力……幸福実現党は北朝鮮等のミサイルへの反撃能力(巡航ミサイルや弾道ミサイルの保有や核装備)の保有を訴えている

そのため、幸福実現党は、国防強化や減税を２００９年から訴え続けてきました。大川総裁は「**現実に国民を救済し、幸福を具体化するためには、やはり宗教活動だけでは不十分であり、宗教法人とは別に政治団体を旗揚げする必要がある**」（『幸福実現党宣言』まえがき）と考えられ、この党を立党したからです。

私は、「人々の心を救う宗教活動と、国のあり方を正し、現実の問題を解決する政治活動が両輪となってこそ、日本は精神的にも物質的にも豊かになっていける。幸福を実現できる」と信じています。

国民の「心に寄り添う」政治をめざして

こうした主張に対して、「宗教に現実社会の問題が理解できるのか」と疑う方もいらっしゃるかもしれません。しかし、本当に人の悩みを解決しようとする宗教者は、常に、人間の現実の悩みに向き合い、社会問題についても考え続けています。そうした「心に寄り添う」活動の一環で、幸福の科学グループは２０００年代の半ばからいじめ対策の強化も訴え続けてきました。

私自身、「いじめから子供を守ろう」ネットワーク（※）の青森県の窓口を務めているので、この問題については他人事ではいられません。

青森県でも、２０１６年に青森市で、中2女子いじめ自殺事件が起き、それを教員が隠蔽していたことが明らかになりました。明らかにいじめが行われていたのに、第三者委員会は、自殺の原因を「思春期うつ」として片付けようとしたのです。この問題では、教員や教育委員会も「事なかれ主義」に陥っており、「いじめが主な原因だった」と認める最終答申にいたるまで、2年もの時間が費やされました。この間に、校長の心ない謝罪や、

青森県の皆様と自殺をなくそうキャンペーンを実施

※いじめを受けた子どもたちの保護者らが中心となって2007年2月に発足した一般財団法人。7000件を超える相談を受け、その大半を解決してきた。

教育委員会、第三者委員会の理不尽な対応で、ご両親は心に傷を負われてしまいました。

私は、少しでもお力になれればと思い、問題があった学校に足を運ぶとともに、「いじめ防止対策推進法」の改正を求める意見書を、青森県議会から政府に提出していただくよう、青森県庁で陳情を行いました。

幸福実現党は、立党後に「いじめ防止法」の制定を主要政策に入れ、既存の「いじめ対策」には教員の隠蔽への罰則がないことが問題だとも訴えてきましたが、こうした主張は、実地で得られた情報を踏まえた提言なのです。

「目には見えない価値」を大切に

日本では、戦後に憲法で特定宗教のための宗教教育を禁止して以来、目に見えない価値が公立校では教えられなくなりました。その結果、教育の荒廃が生まれていると思います。そして、日本は侵略戦争を戦った悪い国だと教えられ、国に誇りを持てない若者が増えました。英雄を尊ぶ心も失われたのです。

近年、青森県でも、「郷里の英雄を尊敬する人が減ってしまったのか」と驚くような出来事がありました。

それは、新渡戸記念館（十和田市）が閉館の危機にさらされているということです。耐震基準を満たさないことが問題視され、市は廃止を取り決め、有志が募金で何とかその運営を支えてきました（※）。

私も今、その支援に加わっています。

武士道とキリスト教信仰を説き、日本人の理想を世界に伝えた偉大な思想家が、郷里で忘れ去られてしまうというのは、本当に残念なことだからです。

※最高裁判決（2019/12/3）で新渡戸記念館の廃止処分の取り消しを求めた新渡戸家の上告は退けられた。

「北のまほろば」は甦る

私は、この青森県の皆様の幸福を守るために、政治を志しました。

青森県は、作家の司馬遼太郎氏が「北のまほろば」と讃えたように、海の幸、山の幸に恵まれた地です。そして、この地には、温かい日本人の心が息づいています。

故郷の未来を守るために、私は、刻苦勉励し、世の中を照らしてきた先人の方々の願いを大切にしていきたいと考えています。私自身も、世の中を照らす光となり、夜明けの時代を乗り越え、次の世代の人たちに、永遠に続いていくような贈り物を残せるよう、力の限りを尽くしてまいります。

4　新時代の「平和都市」広島に向けて　野村昌央

野村昌央（のむら・まさてる）　1982年、広島県広島市生まれ。広島国際大学医療福祉学部卒。HS政経塾では、医療政策などを研究（第六期生）。幸福実現党広島県第3支部代表。

「反戦平和の訴え」だけで日本を守れるのか

私は、HS政経塾を卒業後、地元の広島市で活動しています。その中で常に感じるのは、広島の平和主義の問題点です。

広島からは、毎年8月6日に反戦平和のメッセージが世界に発信されています。

私は、そうした環境で平和教育を受け、大人になるまでは「日本は悪い国だ。侵略戦争をした国に生まれて恥ずかしい」と漠然と考えていました。しかし、成人する頃には、それ以外の物の見方があることがわかり、「平和教育は間違っているんじゃないか」という疑問を抱くようになりました。平和を求める心や戦争の悲惨さを伝えることは大事ですが、広島の平和論については、いくつか、納得できないところがあったからです。

国を守ろうとする若者に浴びせられた罵声

その疑問の一つは「愛国心は戦争を生む」「自衛隊は憲法違反だ」という主張にちなむものです。これに関して、高校を卒業する頃、私の身近で「国を守る行為を否定する考え方は正しいのだろうか」と考えさせられる出来事が起きました。

その頃、「自衛隊に入ってみんなを守る」と言って、意気揚々と自衛隊に入っていった友人は、2年後に再会した時、沈痛な面持ちで「もう自衛隊辞めようかと思うんよね」と言いました。その理由を訊くと、友人は、駐屯地の入口で続けられている「反自衛隊デモ」の有様を教えてくれました。

多くの人がプラカードを持ち、「殺人集団をなくせ」「自衛隊はいらない」などと叫び続けているというのです。

「国民を守りたい」という願いは通じず、彼は、「自分はいったい、何のために厳しい訓練を重ねてきたのだろうか」と悩んでいました。その姿を見て、私は「自衛隊の必要性」が、はじめて身近な問題に感じられたのです。

広島では、自衛隊についても「憲法違反だ」と批判する人が多いのですが、そうした主張によって「家族や友人を守りたい」という愛国心に燃えた若者が苦悩していました。当然、自衛隊員はこうした抗議活動に何も言うことはできません。

私は、苦悩する友人を見た時、広島の平和教育の中で、無意識のうちに自分がそうした反自衛隊的な考え方を受け入れてきたことに気づきました。その時、「彼のように真っ直ぐに志を持ち、真剣に努力している人が正しく評価されないのはおかしいのではないか」と思ったのです。

北朝鮮の核ミサイルに「核廃絶の訴え」で対抗できるのか

もう一つの疑問は、「日本人を拉致し、日本に向けた核ミサイルをつくっている国に対して、広島の平和論から、どんな対策を生み出せるのか」ということです。平和主義を訴える方々も、「金正恩は悪い指導者だ」「核開発は悪だ」などと言われていました。しかし、その中に、どうすれば、日本が、その「悪」を現実に止められるのかを教えてくれる人はいませんでした。むしろ、「日本は世界に対して何かをしようと考えてはいけない」という暗黙の了解がありました。

私は、幸福実現党で活動する中で、２０１７年に米朝対立が本格化した時、この問題に直面させられました。

幸福実現党を代表して、広島市に「北朝鮮のミサイルに備えた避難訓練等の実施を求める要望書」を届けた時、市から、「北朝鮮のミサイルには核廃絶を訴えて対応するのが広島市の方針です」という説明をいただいたからです。

その説明は平和教育で習ってきた通りの内容でした。一人ひとりが非暴力を訴える自由は尊重されるべきです。しかし、現実問題として、行政が自国に対する脅威を認識しながら非暴力を方針とすることは、市民の安全を守る責務を放棄しているのに等しいのではないでしょうか。

現実に「悪」を止める力や、具体的な手段がなければ、日本人の生命と安全と財産を守れないからです。

南京の元憲兵から聞いた真実

そうしたものの考え方が出てくるのは、日本軍が侵略戦争を行ったという歴史観があるからです。その侵略の典型としてあげられるのが「南京大虐殺」です。

しかし、私は、2019年の夏に、終戦の頃に南京で治安維持の責任者を務めていた方（谷田齊《ひとし》氏。広島在住、96歳）にお会いし、驚くべき話を伺いました。

「最前線の宜昌《ぎしょう》へ着いたのは昭和19年の2月28日だった。昭和20年1月からは南京にいた。南京大虐殺については噂も聞いていない。宜昌にいた39師団の師団長が優秀な方で、『住民をいじめたり虐待したり略奪したりしては絶対にいけない』と言っていた。その方が厳しかったことが幸いし、揚子江沿岸にある米どころで日本軍は中国人となかよく米を食べていた。当然、お金も払っていたし、協力していた。現地の市民には『とにかく日本軍が来てからが一番いい』と言われた。中国軍が中国の領民から略奪していたが、日本軍は信頼されていた」

つまり、国民党軍や共産党軍よりも、日本軍のほうが信頼されていたというのです。谷田氏は、「昔の中国人には立派な人もたくさんいた。日本と同じような寺子屋があって、『論語』と同じ内容を子どもたちに教えていた。戦後の共産教育が中国を変えてしまった」と嘆いておられました。そして、終戦の頃に警備を交代した国民党軍の大尉から、「日本がやったのは侵略だと盛んに言われているが、間違っている。本当の侵略者は白人だ」と聞いたことも教えてくれました。

日本軍が本土に引き上げる前、南京の市民たちに「日本軍がいてくれた方がいい」と言われていたのです。

もし南京大虐殺があったのなら、そんなことを言われるはずがありません。

谷田氏はこれまで、誰にもこの件について詳しく話した事はなかったそうです。

それを聞き、私は、日本軍が命をかけて戦った理由が、戦後、置き去りにされてきたことに、言いようもない悔しさを感じました。

正しい歴史認識を広島に

私は、大川総裁の教えに触れ、過去、日本の軍人たちが白人の植民地支配を終わらせるために大東亜戦争を戦っていたことを知りました。

それは、侵略戦争ではなく、アジアの有色人種の人権を守る、自衛のための戦いだったのです。私は、幸福実現党の立党をきっかけにして、積年の「愛国心」についての疑問を解消することができました。

大川総裁は「**愛国心は、民主主義と非常に密接な関係があるものです。国があってはじめて、国民は幸せに暮らすことができるわけですから、愛国心をばかにしてはいけません。**」（『国を守る宗教の力』第4章）と教えられています。

国がなければ、今ある幸福や自由を守れません。世界には国民が政治に参加できず、人権がないがしろにされたまま、軍拡を続けている国もあります。民主主義国家であればこそ、自由や平等を守るために、自分たちで国を守らなければいけないと思います。どんな国の人も、神の子・仏の子なのですから、侵略してはいけないし、侵略をさせてもいけません。ですから、愛国心をもって、国を守るために命をかける行為は正当防衛ですし、神の正義にもかなっています。

「愛国心が侵略戦争を生んだ」として軍を全否定するのは、あまりにも極端です。その主張が真実ではない歴史観から生まれていることにも問題があると思います。

「原爆投下」についてどう考えるべきか

私が受けた平和教育では、自衛隊だけでなく「君が代」に対しても嫌悪感を植え付けています。私は、小学3年生の頃、音楽の教科書で「君が代」の歌詞が載っているページの上に、違う歌を貼らされました。

卒業式でも国歌は歌われなかったので、私は、中学生になった時、サッカーW杯を見て、「国歌って歌うものなんだ」と初めて知ったのです。

「戦前の日本は悪い国で、天皇はその親玉だ」という教育を受けていたからです。原爆死没者慰霊碑にある「過ちは繰り返しませぬから」という言葉の背景には、「私たちは悪い戦争をした。それを終わらせるために米国は原爆を投下したんだ。悪いことをしたから原爆を投下されたんだ」という考え方があります。

こうした戦後史観から、日の丸と君が代を否定する教育が生まれました。

しかし、日本軍には「アジアを植民地支配から解放する」という大義がありました。原爆を落とし、民間人を虐殺したのはアメリカです。

広島の学校では、8月6日に生徒が登校し、黙祷《もくとう》を捧げるのですが、こうした歴史の真実を知った時、その祈りの意味が変わるのではないでしょうか。

「平和都市・広島」で行った香港支援デモ

私は、幸福実現党の考え方や政策に触れて、積年の疑問に答えを出せるようになりました。現実に日本を守るためには、自衛隊の強化にはじまって、日米同盟の強化や憲法九条の改正といった防衛政策が必要です。

しかし、広島の駅前で国防強化を訴えると、「いいかげんにしろ」「戦争したいんか」といった罵声を浴びせられることもあります。

しかし、19年の9月、広島市で、「香港革命支援デモ」(※)を行った時、いつもとは少し違った反応が返ってきました。私たちとは逆の政策を掲げている政党の支持者の中からも、賛同してくれる人が出てきたのです。

外国人観光客の多くは賛同してくれましたし、香港から来られた方は、涙を流して「ありがとう」「ありがとう」と喜んでいました。

※幸福実現党は普通選挙の実現などを求める香港市民の戦いを日本から支援すべく、2019年9月、東京、大阪、広島、名古屋などで「香港革命支援デモ」を開催した。

「なぜ日本人なのにこんな活動をしているんですか？」

涙ぐんで握手をしてくださる方や、大変感動されてデモに飛び入り参加される方もおられました。デモに参加された香港人の方は、デモを警備している警察官を見て「日本では警察官が市民を守るのですか。香港では市民を監視するのが警察ですよ」と驚かれていました。

ただ、中国人観光客は、私たちのチラシの受け取りを拒んでいました。受け取らないよう指示していた方がいたので、帰国後のことを心配しているのでしょう。

このデモでは、広島県や山口県、岡山県から集った350名が街を行進し、「平和都市・広島」から、香港市民の人権と民主主義を守るために声をあげました。

香港市民の人権問題に関しては、広島の皆様も心配していたので、今までよりも多くの賛同を得ることができました。

アメリカ頼みの安全保障はもう限界

今の日本は、明確に香港市民を支援できないでいます。また、愛国心を否定した結果、責任ある外交・安保政策が打ち出せず、日本の国防はアメリカ頼みになってしまっています。

しかし、それに対して、アメリカからも不満の声が出てきました。

トランプ大統領の「我々（米軍）はどんな犠牲を払っても戦う。だが、我々が攻撃を受けても、彼ら（日本人）はソニーのテレビで見ているだけだ」という発言は、日本の現状を知る保守層の本音を代弁していると思うのです。

日本が自国を守る体制をつくるには、そのために戦う人たちへの敬意を取り戻さ

広島における香港革命支援デモ

なければなりません。それは、愛国心がなければ成り立ちません。自国を守る努力をしなければ、同盟国からの信頼を失いかねない状況になってきたのです。

広島が新たな平和都市に生まれ変わる日のために

振り返れば、私が政治を志したきっかけも、国防問題への危機感にありました。２００９年の４月、北朝鮮のミサイルが日本の上空を飛んでも、それを「飛翔体」としか呼ばない政府。また、その年の選挙で、国防を訴える政党は無視され、北朝鮮や中国との「友愛」をうたう党が大勝したことの衝撃――。

このありさまを見て「誰かが行動を起こさなければ、世の中は何も変わらない」と感じ、私は、政治家を目指すことを決意しました。今後、私は、広島から新たな平和主義を世界に広めるために、力を尽くしてまいります。

野村卒塾生が取材した戦時体験談についてのコメント

明星大学・戦後教育史研究センター　勝岡《かつおか》寛次《かんじ》氏

谷田氏が言及された「師団長」というのは、澄田《すみた》睞四郎《らいしろう》中将のことであろう。谷田氏が宜昌に着任したのは、昭和19年2月頃であり、澄田中将は昭和16年9月から昭和19年11月まで、支那《しな》占領地の治安維持を目的に広島で新編成された歩兵師団（第39師団）の師団長を務めていたからだ。

南京で日本軍の評判がよかったのは、「師団長が優秀」だったためだけではあるまい。それは他の証言でも確認できる。南京戦に直接参加した西山源次郎少尉（第114師団歩兵115連隊小隊長）は、南京戦直後の状況を日記につづっていた。

《最近部落での評判が大分いいのです。示威行軍に行っても皆出迎えてくれるほどなのです。日本軍は税金も取らないし、品物も買ってくれると…》《支那兵は毎日食い物をもらいに来る。応じなければ銃殺されることもある。税金はむやみに取る。出さなければ女や子供を人質に取る。こんなやり方をするのだから嫌われるのも当たり前です》（産経新聞【歴史戦ＷＥＳＴ】２０１５年5月11日）

その内容は野村氏が聞いた谷田氏の証言と完全に一致する。当時の日本軍の軍紀は高く、現地では、中国人と共存できていた。それは宜昌でも南京でも同じである。「南京大虐殺」がもし事実だったのなら、日本軍の評判がよく、支那兵が嫌われるなど、ありえないことだ。この事実は、「南京大虐殺」が支那のプロパガンダに過ぎず、全くの虚構であることを裏側から証明している。侵略したのは日本軍ではない。「支那兵」が自国民を略奪するのを、逆に日本軍が守っていたのである。

第2章

現職議員の活躍

1．薩摩川内《せんだい》市での取り組み　松澤力

松澤力（まつざわ・いさお）　1982年生まれ。鹿児島県出身。鹿児島大学農学部を卒業後、大手コンビニチェーン店に入社。HS政経塾を卒塾し（第四期生）、2016年に薩摩川内市議選で初当選。薩摩川内市議会では産業建設委員会に所属（副委員長）。

原発の稼働継続をめぐって

薩摩川内市では、原発の稼働継続が大きな課題になっています。

私は市議会の川内原発対策調査特別委員会の委員に選ばれ、その安全を確保し、

稼働を続けるための取り組みを続けてきました。

すでに、川内原発が２０２０年に止まることをご存じの方もいらっしゃるかもしれませんが、そうなったのは、テロ対策で設置を義務付けられた施設（特定重大事故等対処施設）の完成が期限に間に合わなかったことが原因です。

２０１９年の10月、九州電力は、川内原発１号機を20年３月に停止し、２号機を５月に停止することを発表しました。今後、定期検査が行われるのです。

川内１、２号機の発電量を液化天然ガス（ＬＮＧ）火力発電で代替すると、燃料費が月あたり約80億円ほど増えてしまいます。九州では、玄海原発（佐賀県玄海町）の定期検査も行われるので、川内原発の稼働の重要性が高まっています。

原発をめぐる市民の本音

私は、脱原発運動に対抗し、２０１２年から原発再稼働を訴え、15年には県知事と市長に再稼働の要望書を提出しました。

その翌年には川内原発が再稼働したのですが、その反応を見ると、実は、薩摩川内市では、比較的に賛成派が多く、周辺の自治体では反対派が多くなっています。

原発が稼働すれば、それに伴う需要が生まれますし、国から財政支援も頂けるため、現地には恩恵を受ける人が出てくるからです。

国レベルで見ると、日本のエネルギー安全保障のために原発は欠かせませんが、地元から見ると、原発の稼働は雇用や生活に直結した問題です。

川内原発が止まった時、地元では電気料金が一割ほど上がりました。

「これ以上、商売を続けられない」という声が寄せられ、地元では宿泊業や飲食業、製造業などが経営難に陥ったのです。

公益から原発再稼働の是非を判断すべき

原発の稼働については、「自分に恩恵があれば賛成。なければ反対」という反応が返ってきがちです。しかし、私は、それだけで再稼働の是非を決めるのはよくないと考えています。原発の稼働によって、県全体の電力供給が安定し、国のエネルギー自給率も高まるので、公益にかなうかどうかで判断しなければいけません。

そのため、薩摩川内市は、原発の稼働について、もっと積極的なスタンスを採るべきだと考えています。

今まで、原発の稼働に関しては、原子力規制委員会の審査を経て中央政府がＯＫし、鹿児島県がそれを認めた後に、薩摩川内市も追認してきました。

市としては、明確な意思をあまり表明してこなかったのです。現職市長は原発の稼働には反対しないものの、それを強く推進するほどではありませんでした。

しかし、私は、市がもっと早い段階から原発稼働に賛意を表明すべきだと考えています。脱原発の世論に負けず、市が明確に賛意を表明すれば、原発を運営する事業者も、運転期間延長や設備更新などを打ち出しやすくなるからです。

川内原発をめぐる「次の争点」とは

川内原発には、もともと、増設計画があります。

加圧水型炉(※)の1、2号機に加えて、3号機を改良型加圧水型炉で増設しようとしていたのですが、この計画は「3・11」の後に止まってしまいます。

※加圧水型炉……炉内の水を高温・高圧にして蒸気発生器に送り、蒸気発生器で別系統の水を沸騰させ、そこから蒸気をタービンに送って発電する。原子炉で水を蒸気にし、それを直接タービンに送る「沸騰水型炉」よりもメンテナンス性に優れているとされる。

当面は既存の炉の稼働延長が課題ですが、これからの長い市政を考えると、増設計画が非常に重要です。

今の日本では、原発稼働は原則40年とされているので、九州電力は、今後、1号機と2号機について、20年の延長を申し出ることになります。しかし、その審査は非常に厳格で、何度も延長はできません。そのため、九州電力は、新増設で今後の半世紀の電力供給を賄おうとしています。

県全体の電力供給と、国の未来のためにも、増設は必要です。

地元では、この計画が止まった時、増設に伴う関連業者などの来訪を見込んでいたホテルが、宿泊施設の拡充をやめました。増設が進行すれば、そうした計画が再開され、地元経済の活性化も進んでいくのです。

市議としての取り組み

私は、原発再稼働以外にも、市の活性化のための取り組みを続けてきました。

例えば、行政においても、AIやロボットによって単純な事務作業を自動処理し、省力化する「RPA」という取り組みを進めています。ペーパーレス化や議会でのタブレット活用なども推進しています。

また、税収増のために、ふるさと納税者を「株主」と見立てて還元する仕組みを提案し、コスト削減に関しては、ごみ処理施設運営の民間委託を提案しました。

暮らしに身近な問題では、学校にエアコンを導入したり、事故を招きかねない道路上のポールの立て方を

薩摩川内市議会での一般質問

改善したりしています。

市民の皆様からは、地域の環境整備や遊休土地の有効活用、空き家対策などについても要望があるので、活動のすそ野を広げていきたいと考えています。

市議になって分かったこと

私は、市議として経験を積む中で責任の重大さを痛感したのですが、大きな疑問を感じることもあります。

それは、財政において、コスト削減が評価されないということです。

予定より低い費用で事業を成し遂げたことは評価されず、「やる気がない」「手を抜いた」などと見られがちなのです。

つまり、予算消化型に陥っているわけです。

また、事業の投資効果の判断についても、疑問があります。

例えば、薩摩川内市では、原発に伴う国の財政支援も含めた約37億円を用いてコンベンションセンターをつくる事業に関して、市民からは、その投資効果に疑問を呈する声も、多数、寄せられています。会議の場として、いろいろな団体を招致するつもりなのですが、鹿児島県には、薩摩川内市よりも交通の便のよいところに類似施設があるので、来訪者が増えるかどうかははっきりしません。

また、対岸にある甑島《こしきしま》区域を観光地として開発するプランをみても、全国的に呼び込み競争が続く中で、甑島をどうPRしていくのかが、不明瞭になっています。企業では、製造とマーケティングが同時並行するのが普通ですが、市政では、必ずしもそうなっていないわけです。

私は、甑島区域に関しては、自衛隊の駐屯を進め、国防上の拠点として生かしていくことが大事だと考えています。すでに下甑島分屯基地があり、ガメラレーダー（地上配備型の警戒管制レーダー）が置かれています。自衛隊員の方がさらに多く常駐できる体制をつくれば、島の経済の活性化にもつながるのではないでしょうか。

人口減対策としての産業振興

今後の市政には「人口減」という問題が立ちはだかっています。

国立社会保障・人口問題研究所の試算によれば、薩摩川内市の人口も、約10万人（2015年）から3割ほど（2045年）減少すると予測されています。

その結果、税収や社会保険の収入が減り、地域のインフラ建設や福祉が弱体化することが懸念されています。

これに関しては、人が集まる魅力的な市をつくることが大事です。

そのためには、まず、勤め口を増やすために、工場誘致の推進が必要です。近年には、薩摩川内市に植物工場を立てる企業も出てきているので、「電源地域」の強みを活かした企業への電気料金の補助制度、国際貿易港である川内港の利便性、充実した交通インフラなどの強みをＰＲしていきます。

すでに、市でも、川内港に関しては、近くに食品の冷凍施設をつくり、輸出入を支援する取り組みを始めていますが、それ以外にも、貨物列車が止まる駅を近づけ、輸送コストを下げることが大事です。

薩摩川内市では農業も重要産業なので、ドローンやＡＩを用いたスマート農業の推進にも力を入れ、市に農業を専門とする職員を養成してきたいと考えています。

人が集まる魅力的な市をつくる

そして、中高生教育の中で地元企業と触れ合う機会を増やし、卒業生が就職先となる企業を見つけやすくする取り組みが必要です。

　また、地元に帰ってくる子育て世代を増やすために、二世帯住宅の建設支援や、子育て世代向けの公営住宅の整備などを検討しています。

　観光に関しては、一級河川である川内川の周辺を整備し、観光客やウォータースポーツを楽しむ人を増やしたいと考えています。そこで花火大会をさらに盛り上げれば、町おこしにも貢献できるでしょう。

　また、先述の甑島《こしきしま》区域はアウトドアが体験できるので、そこではコテージやテントを用いたグランピング（※）の支援も可能です。

　人口減に対処するためには、若い世代を増やすとともに市の知名度を上げ、訪れる人を増やしていかなければなりません。

　また、建設業などが人手不足なので、

消防団の出初式にて

※グランピング……「グラマラス（魅力的な）」と「キャンピング」を組み合わせた造語。豪華なキャンプを体験すること。

日本語教育を進め、外国人労働者の支援にも力を入れていきたいと考えています。ベトナムなど、日本語学習者の多い国から来られた方が地域に溶け込めるよう、行政の支援が必要です。

市民の皆様の幸福のために

市議として働く中で、国政選挙の候補者をしていた時に培った大きな見方は役に立っています。原発推進は、「自分に損か得か」というだけの問題ではなく、県や国のエネルギーを支える大事な政策だからです。

それに加えて、市議としての経験を積み、もっと具体的に政治というものを理解できるようになったと感じています。

市議となってからは、日々、有権者の皆様の声を聞き、「交差点に信号がほしい。

ベンチがほしい」といった要望があれば、それを市政に届け、市民と行政をつなぐ仕事を続けてきました。こうした活動は議員活動の基本です。

市議には、予算案の点検や条例の制定、委員会活動といった仕事がありますが、それらは、有権者の皆様と交流し、日々、その声に耳を傾けるという基礎があってこそ成り立つものだと考えています。

今の日本の政治は、国政においても、地方政治においても、有権者の耳に快いことばかりが語られ、本当に大事な政策が実現しづらくなっています。

しかし、私は、ＨＳ政経塾に入塾する際に、神仏の御心にかなった政治を取り戻すために力を尽くすことを誓いました。

だからこそ、本当に有権者に必要な政策を実現しなければいけないと痛感しています。

これからの活動においても、自分のためではなく、地域の皆様のお役に立てるよう、志をつらぬいてまいります。

2. 兵庫県たつの市での取り組み　和田みな

和田美奈（わだ・みな）　1982年、兵庫県たつの市生まれ。佛教大学大学院で日本史学を専攻。HS政経塾を卒塾後（第三期生）、「みな、やってのける！」「たつの市に女性力」というキャッチコピーを掲げ、2018年に市議選に初当選。市の福祉文教常任委員会などに所属。議会広報調査特別委員会や議会ICT調査特別委員会では副委員長を務める。

まずは「一点突破」で地域をプロデュース！

私はHS政経塾を卒塾後、郷里たつの市(※)に戻り、2018年から市議会議員

※たつの市は、平成17年に一市三町が合併して誕生した。人口は76294人（令和元年11月末現在）。

を務めさせていただいております。たつの市は、山や海、川など豊かな自然や歴史のある地域ですが、市域が南北に広いためコンパクトなまちづくりが難しく、少子化や高齢化、人口減という多くの地方都市が直面する課題を抱えています。

一方で、童謡「赤とんぼ」が生まれた美しい風土、「播磨《はりま》の小京都」とも呼ばれる城下町、日本一の生産量を誇る手延べそうめん「揖保乃糸《いぼのいと》」の生産地、薄口醤油の発祥の地でもある醤油《しょうゆ》産業、日本一の皮革産業など、数多くの資産と魅力を備えたまちでもあります。潜在力はあるのですが、残念ながら、たつの市の知名度は全国的に高いとは言えません。大学生、社会人時代にも何度もその悔しさを味わってきた私は、市議を目指して帰郷した時から、「たつの市に生まれ育ったことを誇れるようなまちをつくりたい」という想いを持ち続けていました。

市議会議員になった後は、まずはたつの市を活性化するため、市の認知度と人気を高めることに注力しています。市民のための利他軸の議員活動を行うことは、幸福実現党の信用を高めることにもつながると考えています。

そこで、「たつの市の魅力のうち、誘客につながる強いコンテンツとなりえる特色は何か」という問いを立て、「まずは、お取り寄せできないものによる『一点突破』での地域ブランディングが有効ではないか」という「仮説」に基づき、たつの市に眠る相撲の祖・野見宿禰《のみのすくね》（※）の伝承を活かした地域活性化に取り組んでいます。

「半歩ずらす」発想で観光ＰＲ

野見宿禰とは、3〜4世紀頃に日本初の天覧相撲で勝利し、たつの市の地名の由来ともなった、日本古代史最強の力人です。その野見宿禰は、いま、じわじわと注目を集めつつあります。東京五輪の会場となる新国立競技場の入り口にも、古代ギリシャの勝利の女神ニケとともに野見宿禰の壁画が設置されました。近年では、大ヒット格闘漫画の最新シリーズにも主要登場人物として取り上げられています。

※野見宿禰……『日本書紀』の垂仁天皇七年七月七日の条に天覧試合に勝った人物として記載されている。埴輪を考案した人物としても知られる。

たつの市でも、「野見宿禰を地域おこしに活用すべき」との声はありましたが、その中心は野見宿禰塚の整備などの提案であり、予算制約などから手つかずのままでした。また「相撲」の文脈からの宣伝にとどまっていたのです。

私が採ったのは、発想を「半歩ずらす」こと。つまり、多くの人からの支持も集めつつ、今までの提案との差別化を図ることでした。従来の「相撲」にまつわるＰＲに限定せず、たつの市を「初の天覧試合の勝利者が眠る『勝利の地』」と捉え、様々な分野で勝ちたい方のためのパワースポットとしてＰＲできると考えました。

野見宿禰は相撲の神様ですが、勝負の神様としても一部の人々に親しまれています。そのため、この施策は相撲関係者だけでなく、受験合格やスポーツなどの勝利を願う方にも響くと考えました。ＴＯＫＹＯ２０２０でその名が世界に知られれば、宣伝次第で、もっと多くの人にたつの市に来てもらえるはずです。験《げん》を担いで、五輪内定選手に来てもらい、勝利を祈っていただくといった試みも可能です。野見宿禰の伝承を軸として、まずは、たつの市に足を運んでいただき、併せて城下町など市の他の魅力に触れていただくという動線も設計したいと考えています。

市からは、「1つだけを特別扱いしてPRできない」などの指摘もありましたが、「2020年を前に、勝利のパワースポットとしてのたつの市の認知を広めるのは今しかない」「まずは一点突破だ！」と確信し、SNSなどの発信も強化しました。議会の一般質問で継続的に本件を扱うなど、熱量高く動いた結果、先述の漫画作者の方からのお誘いで会食が実現。その場で市の盛り上げのためのキャッチコピー案を個人的に提案してもらうという、ありがたい支援もいただきました。そうした応援もあって関係者の意識も変わり、現在、有志議員らとともにプロジェクトを進めています。メディアも巻き込み、2020年中には大きな成果を出す決意です。

女性の声を市政に――「共感」ベースのコミュニティづくり

地域活性化のために欠かせないのが、女性や若者の視点です。たつの市議会は、合併後の選挙以降、私が当選するまで女性議員がいませんでした。また三十代も私一人で、議員の多くが還暦を超えられた大先輩の方々です。地元に戻った際、たつの市を「外からの目」で見て、女性や若い世代の代弁者となれる議員がいないことに衝撃を受けました。たつの市には自治会が２１２ありますが、そのうち、女性会長はわずか３名にすぎません。しかも長年の間、女性議員もゼロ。構造的に女性の意見がすくい上げられにくい土地柄にあって、「女性の力をなんとか活かしたい」と思い、現在、それに特化した施策も具体化させています。たつの市新宮町の国指定史跡「新宮宮内遺跡」公園をヒガンバナで彩るプロジェクトの展開です。

この遺跡公園は、新宮町のまちの中心部にあり、５haもの広大な敷地を有していますが、有効活用できているとは言えず、近隣住民からは「もったいない施設」と思われていました。そこで、私は、この遺跡公園を活性化するために、19年度に「７色のヒガンバナで新宮を飾ろう」プロジェクトを立ち上げました(※)。

※グループ名は、ヒガンバナの学名リコリスにちなみ、「利《り》他《た》的な発想」で地域を盛り上げる力となるべく、「リタリス令和」と名付けました。

この企画は、女性同士でお茶をしていた時、畦道に咲く一輪のヒガンバナを目にして、「色とりどりのヒガンバナで公園を飾ったら素敵なのでは」「ヒガンバナって何色あるんだろう」という、何気ないおしゃべりからスタートしました。女性には、男性とは違った感性や視点があります。その視点をまちづくりに取り入れることで、これまでにはなかったものを生み出せるはずです。その一方で、行政手続きや組織立った活動に苦手意識を持つ女性は多いため、実現に至らないことがあるとも感じていました。そこで、行政手続きや市とのパイプ役を私が担い、活動計画や力仕事に関しては、地元自治会の男性役員の皆様にご協力いただきました。

構想が固まると、市の担当部局などに働きかけ、許可を得た後、球根の採取や土壌づくりを開始しました。メンバーも増える中、3年かけて史跡公園の花壇を整備する計画を立案。19年初夏には自治会の協力も得て、約70名で球根の植え付けなどを行いました。その際、市長や市の関係部局の方にも参列いただきました。参加者から「はじめて郷土愛が湧いた！」「地域に愛着を持つきっかけになった」「散歩コースを変更した」「花が咲く秋が楽しみ」などのお声も頂いています。神戸新聞でも大きく取り上げられ、参加希望者の問い合わせも数多く頂きました。

本プロジェクトは、まだ緒に就いたばかりですが、地域活性化の鍵は、サービスを提供する側・される側に分けるのではなく、垣根を越えて、皆が「自分ゴト」と感じられるようなワクワクできる目標を掲げて取り組むことにあると確信しています。「参加している皆が楽しくなる→地域を愛する→伝えたくなる→来たくなる」という、「共感」をベースとする循環が起きることが大切であり、その過程で、目標を同じくするコミュニティが形成されることを実感しました。

新しい発想力・先見力で、「幸福実現党の議員が一人でも誕生することで実際に地域が変わる」と実感していただけるような活動を展開したいと考えています。

6/23 史跡公園でヒガンバナの植え付け
（新宮宮内遺跡）

国指定史跡「新宮宮内遺跡」を花で彩ろうと、地元の北新町自治会とリタリス令和（北新町自治会女性有志）の皆さん（約70人）がヒガンバナの球根（約3,000個）を植えられました。ヒガンバナは9月に開花の予定で、将来的には、7色のヒガンバナを咲かせることを目標にされています。

たつの市「広報たつの」（2019年8月10日付）にも掲載

地方議会で感じた「政治の世界」

地域に出て、市民の皆様のために働く市議会議員の仕事には、とてもやりがいがあります。同時に、議会内での仕事にも、日々やりがいを実感しています。地方議会は、国政とは関係ないかのように思われがちですが、実際の地方議会の現場は国政と密接に連動しています。国の法律や制度の影響を最も受けるのは地方自治体ですし、その反応がダイレクトに返ってくるのも地方政治の世界であるからです。

例えば、国会でできた法律は、地方議会で条例を定めて運用されます。法律によっては地方にある程度の裁量が与えられており、各自治体は地域の状況を踏まえて条例の内容をつくります。地方議員は法律をつくることはできませんが、運用段階で法律の悪影響を最小限に止めることは可能なのです。その点において、地方議員は地域の防波堤のような役割を担っているといえます。逆に、国会で定められた制度を実際に地域で意義あるものにするのも地方議員の務めです。地方議員の仕事は、当選前に思っていた以上に、やりがいのある重要な仕事だと感じています。

行政コスト増の弊害

やりがいを感じる一方、当選前よりも国政への憤りを現実的に感じるようになりました。国会でできた法律の中にはバラマキ行政につながるものもあります。法律には、運用に伴う行政コストがかかり、地方には、毎年、条例改正やシステム変更のための経費が上乗せされますが、その金額は決して少なくないのです。

例えば、与党と野党が大盤振る舞いの公約を掲げ、選挙のたびに税率を変えたり、無償化の範囲を広げたりした場合、度重なるシステム変更に伴って行政コストが増えます。プレミアム商品券をつくれば、そのためのシステムが必要になり、さらにコストが増えるわけです。

お金がもらえるのならばと思い、市民の皆様は、行政コストをあまり意識されていないのですが、コスト増の分だけ国や地方自治体の予算が膨れ上がります。その結果、本来、必要な事業や、自治体独自の取り組みにお金が使えなくなるという弊害があることも、見逃してはいけないポイントです。

予算は「無駄の削減」と「有効活用」のチェックが必要

予算の話でいうと、幸福実現党は、予算の単年度制や使い切りに対する批判をしてきました。実際、地方議会でも、単年度制、使い切りには大きな問題を感じますが、その一方で、別の問題があることにも気づきました。

必要な事業に対して必要な額の予算がつけられているにもかかわらず、適切に予算を使えず、求めた成果をあげられていないケースがあります。決算書で不用額が大きかった事業を見た時に、「予算を抑えることができて素晴らしい」と単純に喜んでいるだけでは済まないこともあるのです。

例えば、地方都市に不足している保育士や介護士などについて、必要な人数を集める様々な取り組みを行うように予算を付けていたとします。しかし、実際の事業報告を見ると、当初予算も余らせている代わりに、必要な人数が集められていない、というようなことが往々にしてあります。この場合、市議会は、行政に対して、「募集のためのあらゆる努力はしたのか」ということを問いかけなければいけません。特に新規事業は、そうした傾向が強いように感じます。

行政は、新規事業に対して民間企業のように新発想で成果を上げることが得意であるとは言えません。したがって、予算については、成果が見込めない事業を削るだけでなく、事業が成果を生むように、行政側に働きかける作業が必要になります。

「バラマキ合戦」の病弊

多くの地方自治体は少子化、高齢化、人口減の三重苦で苦しんでいます。そのため、自治体が医療費、給食費といった子どもにかかるお金を負担し、子どもを増やそうとしているのですが、なかなかうまくいきません。

なぜなら、1つの自治体が予算をねん出して「○○無償化」をはじめても、次から次へと、近隣自治体が同じ施策を始めるからです。国政、地方を問わず、選挙のたびにバラマキ・無償化合戦が行われますが、特に首長選ではそれが顕著です。近隣の自治体がバラマキをやっていればなおさらですが、それを繰り返せば、財政は厳しくなるばかりです。その激化によってジリ貧の自治体があちこちに誕生し、市町村の個性やオリジナリティもなくなり、地域共倒れに陥ってしまいます。

子育て世代を支援し、人口増を目指す首長の思いは、市議会議員として痛いほど理解できますが、安易なバラマキ施策は根本解決にはなりません。

また、こうしたバラマキや無償化を元に戻したら落選しかねないため、政治家はそこに手を付けられなくなり、延々と税金を使い続けることになります。「子どもたちにツケをまわしたくない」のなら、やはり、安い税金でバラマキなしの政治を目指すべきです。「もらえるものは嬉しい」という市民感情がバラマキ選挙を支えてしまっていることから目を背けてはいけないと感じています。

幸福実現党は、こうした流れに抗して「小さな政府、安い税金」を掲げてきました。立党時から非常に厳しい戦いを続けてきましたが、この理念を掲げる政党はほかにありません。バラマキ政治の拡散を地方議会からも食い止めたいと思います。

たつの市議会本会議場での筆者

ＨＳ政経塾で学んだ世界観と真実の人間観

私は、教育政策をライフワークとし、ＨＳ政経塾を卒塾する時に、『公教育に宗教教育を』と題して書籍も発刊させていただきました。市議会議員になっても、その時の学びは非常に活きています。教育は、地方に多くの裁量が任されている分野です。市の管轄であれば義務教育の公教育に関して多くの権限があります。私は現在、福祉文教常任委員会に所属し、学校の統廃合やＩＣＴ教育、郷土愛を育てる教育などについて取り組んでいます。

また、市議会議員になると、困窮した方とお会いした時、実際に「助けてほしい」と頼まれることもあります。そうした方がいらっしゃれば、「なんとか助けてあげたい」と思うのですが、私が、その時に必ず考えるのは、「その通りにして、その方が本当に幸せになるかどうか」ということです。

例えば、まだ働けるのに、生活保護のお金を受給した場合、やる気を失い、そこから抜け出せなくなる方もいます。本当にどうしようもない場合は、しかたがありませんが、まだ働ける方をそうした道に入れてしまうと、取り返しがつかなくなることもあるわけです。政治には「心に寄り添う」姿勢が必要ですが、相手が何に困っているのかという「他者への想像力」を働かせる前提に、自由主義や自助努力の精神に立脚した「真実の人間観、人生観」が必要なのではないかと思います。

そうした根本的な価値観をＨＳ政経塾で学ばせていただいた経験は、市議会で様々な問題に直面した時の重要な判断基準になっています。

政界浄化の使命を果たす

私は、ＨＳ政経塾の入塾式で、大川隆法名誉塾長の「英雄の条件」という御法話を拝聴しました。その中に、最近の国会は「魑魅魍魎《ちみもうりょう》、百鬼夜行《ひゃっきやこう》の状態」というお言葉がありました。また、他の御法話でも、政界を「欲望渦巻く世界」「地下の下水が流れているような世界」だと指摘されています。

実際に市議会で仕事をするようになり、想像を絶するような嫌がらせを受けたり、「汚いもの」を見たり、政争に巻き込まれることは日常茶飯事です。地方議会でもそうなので、中央政界のことを思うと恐ろしくなることもあります。

しかし、今、たつの市議会の中で若手議員を中心に、党派・会派を超え、「ハラスメントの横行するような古い体質の市議会を、市民の信頼を得られるものに変えていこう」とする動きも出てきています。HS政経塾で学ばせていただいた私の人生の軸は「政界浄化」です。政治は、本来、まつりごと——。私の政治人生は、始まったばかりです。これからも、市民の皆様の幸福のために、志をつらぬいて働き続けてまいります。「みな、やってのける!」。

第3章

これからの日本を考える

《対談参加者》

原口実季《はらぐちみき》……HS政経塾塾長　幸福実現党東京第1支部代表

森國英和《もりくにひでかず》……幸福実現党選対委員長代理（兼）党首特別補佐（第三期卒塾生）

城取良太《しろとりりょうた》……幸福実現党広報本部チーフ（第一期卒塾生）

川辺賢一《かわべけんいち》……幸福実現党茨城県本部代表（第二期卒塾生）

※対談参加者紹介は写真右から順に記述。本対談は2019年11月下旬に東京都内で行われた。

1．国際問題を見るうえで、哲学は非常に大事

幸福実現党の精神の源流

原口　本書を発刊するにあたり、卒塾生３名と一緒に、世田谷区にある羽根木公園を訪問しました。大川隆法名誉塾長は学生時代、この公園とその近くを散策しながらプラトンや西田幾多郎などの哲学を深められたとも言われています。

名誉塾長が学生時代に研究し、論文を書かれたハンナ・アーレント（※）について、私たちも勉強しているので、その精神に近づきたいと思いました。

城取　私の実家はこの近くにあって、子どもの頃、よく親に連れられてここで遊んでいたので、どこかで名誉塾長とすれ違っていたかもしれません（笑）。

※ハンナ・アーレント……全体主義を批判しつつ、各人が主体的に政治参加し、個性を発揮する民主政治の意義を説いた20世紀の政治哲学者。

森國　「観照的生活(※)」を実践されていたんですね。志の原点に返りたい時に、来たくなる場所です。

幸福実現党の精神の源流が形作られた聖地ですよね。

川辺　名誉塾長は、世の中よりも早くアーレントに注目されていましたが、その思想は、死後40数年が経った今、重要性を増しています。彼女が批判した全体主義は、今の中国の政治体制とよく似ているからです。

原口　そうですね。香港デモでも、政治参加の自由が争点になっています。

城取　中東でも、「アラブの春」以降、「どうすれば、革命の後に、みなが幸せになれる社会をつくれるのか」ということが問題になりました。

※観照的生活……哲学的な思索の中で自己を省みる瞑想的な生活

原口　そうしたこともあって、今日は、名誉塾長の若き日の精進を思い、力及ばずながら、私たちも国際問題について考えてみようと思います。

まず、イランを訪問した城取さんと、香港と台湾を訪問した森國さんから報告を聞き、その上で、これからの日本のあるべき姿を考えてみたいと思います。ＨＳ政経塾は、大局観を持った政治家の輩出を目指しているからです。

2. 報道されないイランの現実の姿を見て

なぜ、中東に関心を持ったのか

原口　そもそも、城取さんは、なぜ、政治の道を志したのでしょうか。

城取　２００９年に幸福実現党ができた時、私は、幸福の科学の芸能部門で仕事をしていました。その頃、発刊されたばかりの大川総裁の『国家の気概』を読み、中国の軍拡の脅威に衝撃を受け、いてもたってもいられなくなり、幸福実現党の立候補者に志願させていただきました。

その後、妻の地元である山形県で初めての選挙運動をする中で、自分の見識や教養の不足を痛感し、本格的に勉強したいと思い、塾の門を叩いたんです。

原口　でも、どうして中東に関心を持つようになったのでしょう。

城取　小さな頃から、世界の異なる文化や人々に大きな関心があり、いつの日か世界中を旅してみたいと思っていました。ですので、入塾した時から外交分野にはとても興味がありました。その頃、中東系の航空会社に就職した妻から、現地の話を色々と聞き、日本人がいかに中東を知らないかということを気付かされたんです。

中東は、日本の生命線であるエネルギー資源の供給元であるだけでなく、世界宗教の出発点であり、国際政治の要所です。欧米で使われるような地図では、日本は端っこで、中東が、地図の真ん中付近にきます。

だからこそ、幸福実現党随一の「中東通」となり、日本の中東外交の中心となろうと志を立てました。

イランの現状はどうなっている？

川辺　２０１９年は、どのようなルートで中東に行ったのですか。

城取　私は、ＨＳ政経塾にいた頃、１年ほどエジプトやＵＡＥ（ドバイ）に留学させていただきました。そのころにつくった人脈をたどり、10月に、１週間ほどイランを訪問させていただいたのです。

今回で、イランへの訪問は4回目ですが、現地では、日本や欧米の報道で伝えられるイランの姿と、実際はどれだけ違うかを改めて肌で感じました。

川辺　中東の政治体制も全体主義というレッテルを張られがちですよね。

城取　特にイランはそう見られがちです。しかし、実際に現地に行ってみると、報道されている悪いイメージとはだいぶ違います。

今回、訪問した時期は、宗教国家としてのイランが凄く盛り上がってくる、大きな宗教行事の時期でした。イランはイスラム教シーア派の国ですが、ちょうど、シーア派（※12イマーム派）で尊敬されている3代目のイマーム・フサインが殉教したことを弔う祭り（※アルバイーン）をしていたのです。

現地では、確かにそういう宗教的な雰囲気の高まりを感じる一方、イランの大衆と触れ合う中で、自由を求める大きな気運を体感できました。

原口　その気運とは何でしょうか。

※12イマーム派……シーア派の主流。ムハンマドの血統を継ぐ初代アリーを含む12人を正当な後継者と考える。フサインは3代目後継者でアリーの次男
※アルバイーン……アラビア語で「40」を意味し、フサインがイラクのカルバラーで殺された日から40日目に実施される喪明けの儀式。

城取　印象的だったのは、女性たちが積極的に自由を求めている姿でした。

もともと、「イランの女性は皆、宗教的に黒い衣装（チャドル、ブルカなど）を着なければいけないのだ」というイメージがメディアでは強調されがちですが、現地では必ずしもそうではありません。家庭ごとの価値観にもよりますが、肌の露出にさえ気を付ければ比較的自由ではあります。

「ここ数年で女性たちが『静かな抵抗』を見せているのよ」とイラン女性の友人から聞かされていました。それが、さらに進んでいると感じたのです。

典型的なのが、女性たちのヘジャブ（スカーフ）の戸外でのかぶり方です。4年前よりも全体的に髪の毛の露出が明らかに増えていましたし、それを取り締まる宗

友人のロックバンド演奏後に撮影（テヘランにて）

教警察もルーズになっているようでした。

原口　イランでの女性の地位というのは、どうなっているのでしょうか。

城取　例えば、子どもたちの結婚に口を挟んだりと、女性は家庭内ではかなり「権力」を持っているのですが（笑）、やはり、外では社会的な自由が制限されていま す。今回、友人の紹介でイランの女性ミュージシャン達とも交流し、そうした「不自由」の例も見ることができました。戸外で女性が歌を歌うことは法律で禁止されていて、唯一、許されるのは観客が女性しかいない時だけです。

ただ、インスタグラムなどは利用を許されています。ＳＮＳで、他にも多い不自由な問題を他国と比較できるようになってきたので、体制側としても、「ガス抜き」しないと、もう抑え込めなくなってきているのではないでしょうか。

原口　ＳＮＳは使えるんですね。

森國　現地では、どんな本が売られているのですか。

城取　英語版で言えば、ジョージ・オーウェルの『１９８４』が売られていたのには少し驚きました。またダン・ブラウンもの、スターウォーズシリーズなどといった極めてアメリカ的な作品や、ウェイン・ダイアー氏などのアメリカ系の成功哲学関連の書籍も目立つ場所にたくさん並んでいました。宗教書も、思想や哲学の一種として読むことはできるようです。

テヘランには多くの本屋があったように感じましたね。エジプト・カイロに住んでいる時は、大きな本屋を見つけるのに苦労しましたが。

もしかしたら、書店の数や本の種類などで測れる文化度もあるかもしれません。

それ以外の文化事情を見ると、恋愛観もかなり変化しています。ここ10年くらいで自由恋愛が増え、同棲カップルなども増えてきているそうです。
傾向として、若い世代ほど、自由を強く求めているのではないでしょうか。

イランと全体主義国は、どこが違うのか

川辺　日本人の感覚では、一般的に「中東は怖い」「特にイランは恐い」というイメージがありますよね。

城取　政変が多いのは確かですが、誤解も多いと思います。例えば、キリスト教圏でも中南米などは危ない目に会うことも少なくないようですが、中東圏では、紛争が頻発する地域に行かなければ、それほど危険ではありません。中東圏に居住して特に怖いと思ったことは、車の運転以外はありませんね。今回、イランで1000

kmを車で移動した時にも、イラン人の誠実さ、親切さを常に痛感させられました。
宗教によって自由が抑えられている面もありますが、教えや戒律があって、各人が自らを律しているところもあるというのが実情だと感じます。
そういう意味でアーレントがいう旧ソ連の唯物的な全体主義とは違うのです。

原口　そうした、独自の体制は、どのようにできてきたのでしょうか。

城取　もともと第二次大戦後の冷戦構造の中で、アメリカの中東における足場はイランでした。当時の男女の服装などを見ても分かりますが、西洋文化がかなり入ってきて、いわば、中東で最も「アメリカナイズされた国」でした。現地にはまだ、50代以上を中心に、欧米的な自由を経験した方々はたくさんいらっしゃいます。
一方で、イラン革命後の彼らの子どもや孫の世代は、自国が世界から孤立していると感じている人が多いはずです。

川辺　今とは大違いですね。

城取　アメリカ的な「自由」が行き過ぎたところがあったのでしょう。近い時代にトルコ共和国でケマル・アタテュルク（※）が西欧化を進めたので、パフラヴィー朝のイランもそれにならいました。当時のトルコ共和国では、公の場から宗教を排除し、ヘジャブなども禁止していたのです。そうした世俗化を危惧し、ホメイニ師を筆頭とした宗教保守層が中心となって、イラン革命が起きました。

森國　複雑な歴史ですね。でも、イランにはちゃんと選挙があるんですよね。どんなことが争点になるんですか？

城取　前回の争点はやはり、アメリカや国際社会に対して、強硬路線と融和路線のどちらを採るのか、という点ですね。

※ケマル・アタテュルク……トルコ革命の指導者。トルコ共和国初代大統領。近代化を推進し、イスラム法に基づく体制や聖廟などを廃止した。

川辺　選挙があること自体を、意外に感じられる方もいますね。

城取　そうですね。そこは、中国や北朝鮮とは全然違います。

中東では、どの国も普通選挙を行っているわけではありません。ＵＡＥ、サウジアラビアなどは豊かですが、一部の人しか投票できない制限選挙だったりします。サウジでは国王が国会議員を任命します。中東では、イランは民主的な国なのです。

森國　サウジアラビアは「国王一人が有権者」とも言われたりしますよね。アメリカは民主主義の大国ですが、非民主的なサウジと仲が良くて、民主的なイランには厳しい姿勢を取っています。一見、ダブルスタンダードです。

川辺　例えば、イランでは、有権者がハメネイ師を批判できるのでしょうか。

城取　それを公然と言いにくい雰囲気はあります。さきほど言った自由が制限されているのと並んで、トランプ政権の厳しい経済制裁による経済不振もあって、私が聞いた方々の大半が現体制に批判的でした。あまり統計があてにならない国なので、現地の人に直接聞いてみると、大体テヘランなどの都市部では10〜15%、地方部では20%くらいしか支持している人はいませんでした(※)。

現体制も、厳しい綱渡りを続けています。

森國　イランでは、今、大規模なデモが起こっていますよね。

城取　ガソリン価格が最大で3倍に上げられ、生活が脅かされたので、100以上

イラン・シーラーズのモスクの風景

※イラン滞在は10月中旬から下旬。

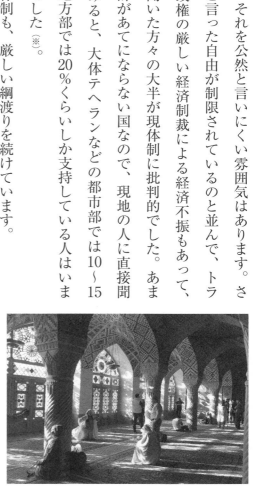

の町にデモが広がりました。イランには日本のような鉄道網がないので、これは死活問題です。

原口　イラン経済は、どれだけ厳しいのですか？

城取　4年前と比べてインフレが激しく、現地の生活実感でいえば通貨の価値が3分の1以下になっていました。旅行者にはありがたいですが、現地の人にとっては大変です。私の友人は、テヘランの富裕層には違いありませんが、生活レベルが下がり、引っ越しを余儀なくされたそうです。海外渡航も厳しくなっています。

イランと米国、日本の複雑な関係

川辺　だとすると、やはり、反米感情は強いのでしょうね。

城取　イランの人たちは、宥和政策を取ったオバマ前大統領が好きで、制裁を強化したトランプ大統領のことは嫌いです。極東問題を話して、「オバマよりもトランプのほうが日本にとってはありがたい」と言うと、皆、驚きます。

森國　そうなんですね。日本もアメリカに追従して石油を禁輸していますが、どういう反応なのですか。

城取　アメリカの手前、やっていますが、現地には日本のタンカーが攻撃されたことも知らない方がいました。禁輸の件も、あまり知られていないかもしれません。
イランは元来、非常に親日的です。中東全域で日本は愛されていますが、現地の駐在員や記者にはアラブよりもペルシャ（イラン）にシンパシーを感じる日本人も少なくありません。ドバイに行った後、「イランに帰りたい」と言う人もいました。

川辺　イランでは日本の政治は、どう見られているんですか。

城取　彼らは日本は好きですが、安倍首相の背後にトランプ大統領がいるというふうに見ています。「安倍はトランプのメッセンジャーだ」と見ているわけです。

原口　結局、日本は、立場がはっきりしないと思われているのでしょうか。

城取　彼らは、反米教育の一環からか、広島と長崎の原爆投下の惨状をよく知っています。日本のゲーム・アニメに詳しい20代の男性から「広島や長崎でひどいことをされたのに、なんでアメリカについていくんだ。すでに経済的に豊かで、技術力も申し分ない日本だったらアメリカから独立できる。いつまでアメリカの子分みたいなことをしているんだ」と言われました。

だから、日本に対して、腹を割りにくいと思っているのかもしれません。やはり日本は、自主・自立した国となり、アメリカとも違う見解で、はっきり中東政策を語れるようになるべきだと思いました。

日本にできる中東外交とは

森國　イランの方々がおっしゃる通りだと思います。

でも、日本外交が自立できないのは、シーレーンの防衛でほぼ全面的に米軍に頼っているからではないでしょうか。大川総裁もこの点は、非常に強い思いを持っておられると感じています。日本の意識も上がってきていますが、アメリカから見たら情けない国に見えるのだろうと思います。

政府はシーレーン防衛のために自衛隊を派遣する方針ですが（19年末に閣議決定）、実は自衛隊にシーレーンを守ってもらうための法律はないんです。やむなく、今回、防衛省設置法の「調査・研究」（第四条一項十八号）を根拠に派遣するようですが、シーレーン防衛が「調査・研究」ですか。「石油の一滴は血の一滴」という危機感が伝わってきにくいです。

シーレーン防衛のために、ホルムズ海峡に自衛隊を派遣するくらいの気概がまずは必要なのだと思います。

政府開発援助（ＯＤＡ）で港湾整備とかやっていますから、自衛隊の拠点に合う場所もあると思うんですよね。石油業界の方からも、「オマーンやバーレーンなどにも日本が活用できる港湾を増やしていってもいいのではないか」などという話を聞きました。

今は、ソマリアの海賊対策でアフリカのジブチを拝借しているくらいですが、そこからだと、アラビア半島東側（ホルムズ海峡やペルシャ湾、オマーン湾）には遠いですよ。本格的にシーレーンを守るなら、日本はもう一歩、中東に踏み込まないといけません。

川辺　日本には、「中東は石油を買うところ」というイメージがあります。これは経済外交の一つですが、そのほかに、どんな中東政策があるのでしょうか。

城取　とにかく中東全域で共通する大きな問題点は「増え続ける若年人口を吸収する（基幹）産業がない」ということだと思います。

産油国にとって、石油産業は確実な外貨の収入源にはなります。しかし、その一方で、雇用を生みにくい石油産業に頼る経済構造を生みがちです。それは「資源の呪い」といわれるように、諸刃の剣の面もあります。

原口　どんな問題が生まれているのですか?

城取　イスラム教的な多産カルチャーから、一部産油国を除く中東全域で、日本にとってはうらやましいくらいの底辺が広がる人口ピラミッドとなっており、人口増加が続いています。

しかし、雇用を生み出す力が極めて弱いので、若年層の失業者がたくさん生まれ、彼らの一部がいわゆるイスラム過激派に身を投じたり、無料で教育してくれる神学校で子どもたちが厳格なイスラム教育を受け、〝神の理想〟のために暴力を肯定するジハード主義者がたくさん生まれていくという側面があります。

要するに、ジョブクリエーションが必要不可欠です。そうした産業を担う人材づくり、教育分野で日本の経験が活かされるのではないかと思います。

川辺　具体的には、どんな教育システムによって日本は貢献できるのでしょうか。

城取　例えば、エジプトに住んでいる時に特に感じたことですが、時間へのルーズさには本当に辟易させられました。1～2時間の遅刻は当たり前で、悪びれずに「インシャアッラー（神の思し召しのままに）」と言われると、「自分の遅刻を神様のせいにするな」と本当に言いたくなりました。「こっちにとってはエジプトでの貴重な休日なんだ」と喧嘩になったこともありました（笑）。仲直りしましたが。

川辺　それは日本人の時間感覚と全く違いますね。

城取　その通りです。資本主義の精神の根底には「時は金なり」という考え方があるので、いくら日本の技術力に憧れても、資本主義の精神を持った人材をたくさん出せなければ、新産業をつくれません。

明治以降、日本が近代化するために築いた教育の仕組みは、今の彼らにとっても参考になるはずです。実際に、ここ10年ぐらいで中東地域でも、「時間を守る」「規律を守る」といった日本型の初等教育や、公文式のような寺子屋教育がすでに注目を浴び、導入実績も出てきています。

また逆に、日本では人手不足なので、中東圏の優秀な人材を積極的に受け入れることで、彼らが抱える問題解決の一助にもなるのではないかと思っています。

川辺　例えば、技能実習生として、日本で数年間、働いてもらう道もあるかもしれませんね。今、ベトナムなどでは日本語学校もできていますが、やがては、中東からももっと働き手が来るようになるのかもしれません。

城取　日本企業はイスラム圏（中東・アフリカ）にあまり進出できていませんが、これから人口が急速に増える地域です。紛れもなく世界が注目する最後のフロンティアだともいえます。

今後、イスラム教徒がより住みやすい環境づくりを進めるとともに、本国で日本的な教育を受けた人材を多数受け入れ、さらに日本にどっぷりと浸かってもらうことで、本国に帰った際には、日本企業進出の足掛かりになってもらえれば、お互いにウィン・ウィンの関係が築けるように思います。

森國　教育面でつながりをつくっていくことも、もっとできると思うんですよね。東南アジア向けには結構やっていますが、中東の若い世代にも、日本で高等教育を受けるチャンスをつくれないのでしょうか。

今日本にいる留学生は30万人弱ですが、中東諸国から来ているのはたった0.5%で、1500人にも満たない規模です。日本では、バランスよく東洋と西洋の考え方を学び、人文・理系の教育を受けられます。中東からの留学生を今の5倍から10倍程度受け入れるようにし、その前段階で、現地に日本語教育もカリキュラムに入れた学校を整えていくというのも、東洋一の先進国の役割として許されると思います。

城取　日本の価値観を学び、イランやエジプト、サウジアラビアなどの本国に戻るというサイクルができれば、若年層が暴力を肯定するようなジハード主義者になっていくという問題を減らすことにも貢献できます。例えば、日本の戦前の神風特攻隊を持ち出して、自分たちの自爆テロを正当化する向きもあります。しかし、彼らの自爆テロとは違い、特攻隊は民間人を決して狙いませんでした。そうした事実も日本で学び、ぜひ、本国で伝えて欲しいですね。また、海外の異なる宗教文化の学生が増えることは、日本の学生にとっても世界を知るチャンスだと思うんですよね。

原口　あと、ほかに日本が貢献できる分野はあるのでしょうか。

城取　現地に行くと、やはり日本の高齢者は元気だなと感じます。統計で見ても、中東のほとんどの国の平均寿命は日本よりも10歳近く低いのです。産油国などでは糖尿病患者が異常に多く、足を切断する人が後を絶たないとも言われています。

日本の高齢者が長寿でイキイキと活躍できる智慧は、彼らには貴重だと思います。医療はもちろんですが、すでに大人気の日本食カルチャーや、幅広い意味での健康産業の需要は高まる一方だと思います。

原口　ところで、石油で豊かになれない国では、どんな問題があるのでしょう。やはり貧困ですか。

城取　食べられなくなって暴動やデモが起きることがよくあります。

実際に、「アラブの春」の引き金となったのは、東欧産小麦の値上がりで、パンが買えなくなったことでした。

エジプトなどは、「ナイルの賜物」で、それこそ農業がやりやすい地域ですが、全体的には、水資源がかなり乏しいのは間違いありません。そういう意味でも、日本の海水から淡水を作る技術、農業や植物工場など、食べ物を作る技術、また電力を効率的に生み出す技術などで、もっと貢献できるのではないでしょうか。

中東で高まる日本への期待感

原口　中東の方々からも、そうした支援への期待の声があるのでしょうか。

城取　この前、茂木外務大臣の定例会見（※）でアラブ人記者が興味深い統計を紹介していました。サウジアラビアのメディアがアラブ18か国に世論調査をした結果、「中東和平に一番適しているのは日本だ」と答えた国の割合は56％だったそうです。要するに、日本に仲介役で入ってきて欲しいと思っている国が最も多いのです。

※ 11月5日の記者会見。Arabnewsが18か国で実施したアンケートの該当質問で日本は1位（56％）。2位はEU（15％）、3位はロシア（13％）

なぜかといえば、中東世界から見れば、アメリカが60年ぐらい中東に関わって、「手のひら返し」を続けてきたからです。イランを叩くためにイラクのフセイン政権を支援し、ソ連対策でビン・ラディンのようなジハード戦士を育てた。その後、中東域内でのイラクの台頭から湾岸戦争が起こり、ビン・ラディン率いるアルカイダによって「9．11」の大惨事が起こります。そして大義の怪しいイラク戦争を行いました。確かに、信を失う理由は十分にあります。

米国が全体的には中東から撤退していく流れにある中で、ロシアのプレゼンスがここ10年くらいで急速に高まり、「新しい中東の盟主」になるともいわれています。しかし、歴史的に見て、ロシアは中東に好かれてはいません。国のトップ同士の関係ならまだしも、中東の民衆に広く受け入れられるような人気はない気がします。

森國　中国は、どう見られていますか。

城取　中東のどこに行っても、中国は好かれていませんね。中国人の数が圧倒的に多いので、まず、私も中国人に間違えられます。その時に日本人と分かった時の「手のひら返し」は見事です。少なくとも日本企業は現地に根ざして活動しようと努力します。しかし、中国は、自分たちの利得のために活動し、その本心が見透かされています。

原口　人気のない大国が多い一方で、日本は期待されているんですね。

城取　56%というのは衝撃的です。しかし、これはあまり報道されませんでした。期待感はありますが、日本の中東でのプレゼンスはいまだに高くありません。

中東では宗教文明の激突が起きているので、そこで和平を実現するのは、大変なことです。しかし、植民地支配をした欧州や、歴史的に長く敵対してきたロシア、唯物論国家の中国は、中東和平の真の仲介者にふさわしくない。日本の出番です。

それで、幸福実現党は宗教政党として、世界の宗教対立を乗り越えて解決していくことを目指しています。

そして、これは先々の話ではなく、現在ただいまからでもできることだと私は思うんです。アメリカは中東から早く撤退したい。一方、ロシアのプレゼンスは高まってはいるが、そんなに好かれていない。私の持論ですが、そんな中、中東で愛されている日本がアメリカに代わって中東に積極的に関わり、ロシアと共同して中東の安定化に注力する。これは米露両国にとってありがたいことだと思うんです。

幸福実現党はロシアとの平和条約締結を目指し、関係強化を訴えていますが、現実にはアメリカを含んだ北方領土などを巡る思惑などが障害となり、進まない状況です。極東で日露関係が進まないなら、中東で進めればいい。さらに中東で米露の仲介役をもこなすことができれば、対中国包囲網への大きな前進になるはずです。

日本が関わることで中東が安定するのなら、世界の中での日本のプレゼンスを飛躍的に高められます。それこそ世界のリーダーを目指す道のりでもあるわけです。

3.「香港革命」の現場で見たもの

「政治参加の自由」を巡る戦い

原口　城取さんのお話を聞き、イランにも、信仰心と自由・民主が両立できる体制が求められていることがよくわかりました。中東の未来のために、日本が担う役割の大きさも実感できたような気がします。

次に香港・台湾の話題に移りたいのですが、香港デモが求めている「政治参加の自由」の保障というのは、中東でも大きな問題であり続けてきました。

城取　2012年、エジプト・カイロで「アラブの春」の革命後の推移を現地で体感した結果、この運動は「自由の創設」(※)に失敗していると思いました。

※憲法のもとに国民の政治参加の自由を保障する体制をつくること。政治哲学者のハンナ・アーレントはこれがない「革命」は失敗に終わると考えた。

原口　19年以降の香港デモが、これから政治参加の自由を勝ち取るところまで行けるかどうか、というのは非常に気になるところです。

そこで、森國さんが19年の８月末に香港に行ってきた体験を踏まえて、香港デモの行方について考えてみたいと思います。

そもそも、中国問題に関心を持つようになったきっかけは何ですか。

森國　『幸福実現党宣言』が「共産主義に代わる政治哲学」を出しているのもあり、中国への関心は自然と強かったです。あとは、大学生時代に、尖閣諸島近海での中国漁船の事件を目の当たりにして、刑事罰に問われることなく釈放されたことに衝撃を受けたのを覚えています。ＧＤＰで日本が中国に抜かれたのもその頃でしたよね。

原口　日本企業が中国本土で狙い撃ちされたりもしていましたね。

森國　そもそも、日本の教科書や靖国参拝、憲法・法律にまで口を出してくるのはヒステリックですよね。私たちの世代は、国家も、企業も、大学も、中国にどんどん追い抜かれていくのを目の当たりにしていて、香港や台湾の問題に限らず、中国の虚像とどう向き合うかを考えている人が多いように思います。

香港の実情は「四面楚歌」

原口　現地では、初めにどんなことを感じましたか。

森國　2019年の夏でしたが、率直な第一印象は、「四面楚歌」でした。

香港国際空港に着陸したのは午前4時頃でしたが、まず最初に目に入ってきたのは、マカオの夜景、次は、深圳《しんせん》の夜景でした。どちらも煌々としていて、空から見ると特に近く見えます。最近は、香港とマカオにアクアラインのような道路も開通して、ますます近くなってきています。

また、市中心地の立法院（国会）の近くには、20階か30階建の要塞のような建物があるんですが、中国人民解放軍の駐屯地なんです。公表している隊員数は約6千人ですが、覆面で入っている人も含めると数万は優に超えると思いますし、隣の深圳にはさらに多くの人民解放軍が控えています。

香港島を飲み込もうとする経済都市に囲まれ、喉元には人民解放軍の剣先が突きつけられている中で、今の若い活動家は、自由と民主主義を訴えているんです。

川辺　市民の皆様は、どんなことを考えているのでしょうか。

森國　中国共産党の圧政と決別したいという思いを強く感じました。英中共同宣言から35年、香港返還から22年、元の中国に返還された喜びは完全に失せています。もう一つ驚いたのは、「香港革命を中国に輸出！」というようなメッセージが書かれたチラシが配られていたことです。

大川総裁が２０１１年に香港で訴えられた「中国の香港化」というビジョンが浸透していると感じました。

城取　今後の戦いの行方が、世界の注目を集めていますね。

森國　命を懸けて、自由と民主主義を守ろうとしています。「第二の天安門」とさせないためにも、日本や欧米の国々の支援が必要です。

原口　最近では、香港理工大学でデモ隊と警察が衝突していました。日本の報道の中には、まるで東大紛争のように見えるものもありましたね。

森國　中国側も、そう見せようとしていると思います。青く染められた水が市民に初めて放射された日、ちょうど香港にいました。その日の夜には映像が世界で流れていましたが、放水する警察の側から撮影したものが多かったと思います。抗議する人たちを「暴動」に見せるよう、香港警察が撮影場所やタイミングも耳打ちしていたのではないかと思いました。そうでないと、あんなに上手く撮れませんから。

城取　「暴力対暴力」の構図になると、国際社会としてはどうしても支援は入りにくくなりますからね。

原口　日本は中国べったりですが、もう、その前提を変えないといけませんね。

「中国の香港化」という未来ビジョン

川辺　日本は、今後、どんな役割を担うべきなのでしょうか。辛亥《しんがい》革命の頃は、孫文が日本で中江兆民などの自由民権運動の思想を学び、三民主義を中国で訴えていましたが…。

森國　アメリカは香港人権法案を成立させて守ろうとしています。台湾やウイグルも含め、中国が「核心的利益」と言っているところに、トランプ大統領はあえて足を踏み入れています。日本もこの流れについて行かないといけないと思います。あとは、日本もメンター役というか、言論や構想の発信源にならないといけないのではないでしょうか。

先ほどの「中国の香港化」が浸透しているという話ですが、大川総裁の思想が、香港にとってもメンターになっていると思います。御法話や霊言をつぶさに読むと、中国共産党の一党独裁が今後どうあるべきか、香港が今後どのように進むべきか、言葉がちりばめられていますよね。大きな力になっています。

原口　現地の方々は、どんな未来ビジョンを持たれているのでしょうか。

森國　団体によって主張は違いますが、行政長官の普通選挙は強く望まれています。逃亡犯条例が撤回された後も、普通選挙まで進まないと引かないと思います。

さらには、２０１９年に出版された、幸福の科学の『アグネス・チョウの守護霊霊言』(※)では、アグネスさんの守護霊が「香港独立」にまで踏み込みましたが、実際に、「独立政府」の構想も出てきています。

※『自由のために、戦うべきは今 —習近平 vs. アグネス・チョウ 守護霊霊言— 』

城取　それが、次の課題になるわけですね。

森國　香港市民の間で、中国本土への嫌悪感が高まっています。一国二制度（※）への信用もなくなりました。香港デモを、アメリカ建国時のティーパーティー運動に近いものと見られなくもないです。

中国共産党は絶対に許さないでしょうから、それは、中国本土の一党独裁を揺るがす流れとも連動しなければなりません。

川辺　「独立は、国力的に可能なのか。税収や財政面、人口から見たらどうなるのか」ということを考えなければいけないですね。

森國　おっしゃる通りです。香港からマカオ、深圳はすぐ近くです。電車や車で1時間以内です。独立には、中国南部を巻き込むぐらいでないと難しいと感じました。

※**一国二制度**……社会主義国の中国が香港などの資本主義と自由な生活様式を保持すること。香港基本法では、これを50年変えないとしたが、それが脅かされている。

川辺　香港から中国南部まで革命が飛び火していったら？

森國　目に見える形で飛び火するかどうかはこれから次第ですが、かなり際どいところまで行っていると思います。

いずれにしても、今必要なのは、中国の未来ビジョンだと感じました。香港でどのような選挙制度にした方がいいのか、中国の一党独裁は今後どうしたらいいのか。香港行政府や中国共産党の中でも、中国共産党の一党独裁に疑問を感じている人は多いので、響く人には響くと思います。

原口　リーダーの見識が試されるわけですね。

森國　そうだと思います。大川総裁の構想は「単に壊せばよい」というものではなくて、常に「自由の創設」、明治維新のような「無血革命」を目指しておられます。

アメリカ建国の時も、独立後の国のあり方について、喧々囂々《けんけんごうごう》の議論がありましたが、これからの香港でもそうなる可能性はあります。

これから「香港」という新しい国を作るとしたら、どんな憲法を作るべきなのか。一党独裁の先の中国はどんな国になるのか。これから色々な声が上がるべきだと思います。中国共産党は「内政干渉だ」と言いたくなるでしょうが、自由・民主・信仰に関わる課題は普遍的なテーマです。海外からの意見発信が増えることは、中国への抑止力にもなります。

原口　香港に、もっと幸福の科学や幸福実現党の主張を広めたいですね。

4.日台関係構築の道筋とは

これから、台湾との関係強化のチャンスがやってくる

森國　香港の学生たちの勇気は、台湾にも伝播しています。幸福実現党の江夏幹事長や里村報道局長、幸福実現党地方議員団有志９名と一緒に、２０１９年秋に台湾を訪問する機会もありました。

原口　なぜ、このタイミングで台湾に行ったのでしょうか。

森國　２０１９年３月の大川総裁の台湾ご巡錫《じゅんしゃく》（※）が大きなきっかけでした。講演会に参加された現地の政治家の方から議員交流のお申し出を頂きました。今の日本

※東アジア情勢の緊迫する中、大川隆法総裁は台湾を訪問し、2019年３月３日、台北市内にて講演会「愛は憎しみを超えて」を開催。専制独裁国家から台湾とアジアの平和を守る「未来の指針」を示した。

は台湾と国交関係がなく、政府も動けないので、議員や民間人どうしの交流が命綱となっています。党としても、日台国交回復に貢献したいと思って訪問しました。

城取　なぜ、政府関係者は台湾に行かないのでしょう。

森國　国交がない上に、日台両政府の交流の基盤となる法律がないからです。アメリカも国交はないのですが、台湾関係法や台湾旅行法があるので、必要なやりとりはできています。

川辺　具体的には、どんな問題が起きるのですか。

森國　一番大きいのは、安全保障の協力ができないということです。両国間で必要な情報のやりとりや連携が基本的にはできません。

中国から来る飛行機のレーダー情報などの機密情報のやりとりもできません。北朝鮮のミサイルについても、場所によっては台湾からの方がよく見えます。普通の国どうしならできる当たり前の協力もできないのです。

原口　中国は、台湾に関して「わが国の核心的利益だ」と言っていますね。

森國　そうなんです。台湾と仲良くしたくても、日本の政府が中国配慮に傾いて、どうしてもうまくいかないことが多かったと思います。蔡英文《さいえいぶん》総統の前の馬英九《ばえいきゅう》政権では、台湾の方が、中国大陸と一体化する方向に動いたこともありました。でも、中国の人権弾圧の実態が明らかになるにつれて、日本と台湾、アメリカの関係の潮目が変わりつつあります。2020年からは、日台関係強化の正念場です。

原口　それは、具体的には、どういうことですか。

森國　２０２０年の東京五輪には、台湾からも多くの選手が日本を訪れます。また、２０２１年は東日本大震災から10年が経つので、当時の台湾の善意を思い出すことで、国交回復や日台交流法といった国内法整備のうねりは作りやすいと思います。

ニクソン大統領の電撃訪中の逆で、トランプ大統領が台湾に電撃訪問することだってないとは言えません。いずれにしても、日台国交断絶から50年となる２０２２年までに、何らかの日台友好の決断はしたいところです。

川辺　日本では、蔡英文政権が災害の時に助けてくれたことも忘れられています。

森國　日本の警察や自衛隊、消防は災害に対処するノウハウを持っているので、それを活かせば、台風や地震が多い台湾とは、協力関係をつくれるのではないでしょうか。

川辺　私は、地域活動の一環として、（公社）水戸青年会議所に所属をして活動しているのですが、実は水戸青年会議所と台湾の嘉義《かぎ》市にある嘉義青年会議所は姉妹関係を結んでいます。毎年、年に1回はお互いの街を訪れて交流事業を行っているのです。例えば、嘉義の方々が日本の子どもたちに、台湾のかき氷を振る舞ったり、伝統的な遊びを教えたり、民間交流をするのも非常に大事だなと感じております。

森國　そうですね。例えば、日本の鉄道各社と台湾の鉄路管理局とが活発に、姉妹鉄道協定や友好駅協定を結んだりしています。民間団体の市を巻き込んだ取り組みも大事です。外務省は動かないので、地方議員や民間からやるわけです。

原口　政府や与党幹部はほとんど動かず、地方議員が動いているという現状は、政治の責任放棄にも思えてきますね。

森國　由々しき状態です。今の政府や国会に、目立った動きは見当たりません。

川辺　地方自治体も、地域によっては腰が引けています。幸福実現党の茨城県本部を代表し、茨城県のある市長に香港支援の要望書を提出し、意見交換を行ったところ、市長からは「これは地方自治体の判断でやることはできない。内政干渉だから」と言われました。やはり、国が率先しなければ進まないと思います。

台湾の有識者から伺ったこと

原口　現地では、どんな交流をされたのでしょうか。

森國　台北市議会や安全保障の専門家、現地の文化人の皆様と交流しました。台湾独自の選挙制度や総統選の様子はとても面白かったです。日台国交回復や台湾関係法の制定を訴えている政党が日本にないため、幸福実現党にもご期待を頂きました。

城取　幸福実現党は台湾で期待されているんですね。

森國　身が引き締まりました。今の国会議員でも親台湾派の議員がいますが、どうしても上層部が中国配慮ばかりで、硬直してしまっています。幸福実現党が国会議員を輩出できれば、日台の関係づくりは新しい局面に入ると思います。

現地では、安全保障や外交の専門家らと意見交換会を開催しましたが、台湾側が特に強調していたのは、安全保障での日米台の連携のところです。そこは大川総裁も台湾の御法話で触れておられました。対話から協力、同盟にまで進み、共に中国に立ち向かいたいという思いはかなり高まっています。

川辺　そのためには、まず、行政府どうしの対話を始めることが大事なんですね。

森國　実際に、安全保障を考えると、日台が協力しないと不便なことが多いのです。例えば、宮古海峡を中国の軍艦が通行した場合、宮古島のレーダーサイトで中国の船や飛行機の動きをウォッチしていますが、台湾の方からはそれが見えません。

逆に、バシー海峡を通る爆撃機や船の動きは日本からは察知できません。

こうした情報を、本当は共有しなければいけないのですが、すぐに情報を共有できるチャンネルがないわけです。

城取　それは、有事の際には両国の安全保障にとって深刻な問題ですね。

森國　総統をはじめ、立法委員や市議も含めて総動員で、日本やアメリカとの関係を構築しようとしています。

日本はというと、外務省も自衛隊も台湾には出張できないので、地方議員が外交官になっているような現状です。幸福実現党が、日台国交回復の架け橋となれるよう頑張っていきたいと考えています。

5. 選挙の年に「政治の仕組み」を考え直したい

実行力のあるリーダーが日本にも必要

原口　台湾では総統選が注目されますが、これは、要するに、大統領選なんですよね。川辺さんは、在塾中に大統領制の研究をしていましたよね。

川辺　そうです。私は、学生時代に大川総裁が書かれた『理想国家日本の条件』に出会い、日本を神仏の願いにかなった豊かで強い国にしたいと思い、政治家を志しました。そして、ＨＳ政経塾に入り、経済政策や行政のあり方などについて、勉強を深めたのです。現在、私は、本当によい政治をするためには、実地での経験が必要だと考え、政治活動を続けながらも、教育や人材関係の会社を経営しています。

大川総裁が提言された大統領制は、実現したい壮大な夢です。

２０２０年にはアメリカで大統領選がありますが、トランプ氏のような人が国のトップに立つということは、今の日本では考えられないことです。

例えば有能な経営者で議員経験のない人物が日本の首相になるというのは……。

森國　日本では、ありえないですね。大臣級ですら、民間人がゼロになってしまいました。

城取　民間人で議員になった人の最後は、誰でしたか？

森國　森本敏防衛大臣です。民主党政権ではうまくいかないので、専門家が選ばれ、結局、安全保障を支えなければいけなくなりました。民間人でも大臣が務まる人がいるのに、国会議員からしか選ばれないのは、もったいないです。

川辺　議院内閣制だと、同僚の議員から選ばれた人が総理になりますが、これだと、トランプ大統領のような、これまでの常識にとらわれない実行力のある指導者は出られません。

森國　そうですね。松下幸之助氏の著書を読んでいると、きっと総理大臣か主要省庁の大臣になられたかったのかなと感じます。アメリカならそうなっていてもおかしくありません。

城取　政治家の選び方も、もっと考えなければいけないですね。

日本の議員の数は、どれぐらいが望ましい？

川辺　幸福実現党は参議院廃止を訴えて参院選を戦ったこともありましたが、日本の国会議員は多すぎると感じます。今の小選挙区制ではブランドのある有名な政党が公認を出したら、それだけで当選してしまう議員もおります。大選挙区制や中選挙区制にして、より広いエリアで、より多くの人たちから選ばれる仕組みにするべきだと思います。

森國　「参議院の廃止」は参院選では言いにくいので（笑）、衆参統合して一院制にするというのも一つの案ですよね。

台湾の立法院は113人なので、コンパクトです。大川総裁は、国会議員は100人でもよいと言われていました（最少では40人とも）。人口が3億人のアメリカでは、上院議員が100人、下院議員が435人なので、日本は多すぎると思います。

地方議員の数は、ここ20年で大体半分になっています。減らないのは、国会議員と都道府県議だけです。税金は上がって、国民の負担が増えているのに、釣り合いが取れていませんよね。

原口　国会は予算の議論よりも、モリカケ問題のような政争に明け暮れています。

城取　議会が機能しているかどうか、というのは、地方でも言われていますね。

川辺　米国にはサンディスプリングス市のように、ほとんどが民間委託などで運営されている市もあります。民間団体などが町の行政を代替していくという仕組みもありえるのではないでしょうか。

例えば、先ほど話題にのぼった青年会議所でも、地域の未来のために、様々な提言を行ったり、事業の構築を行っていますし、災害が起これば地域の社協さんと協力して、いのいちばんにボランティアを組織して支援を行うこともあります。

城取　私も山形県酒田市のＪＣで4年間活動をしていたことがあります。そこでは、月1回の理事会で議事をスムーズに進行させるために、各委員会が最低でも週1回集まって地域の議論をしていました。振り返ってみると、その時、我々がやっていたことは本来、市議会議員がやるべき内容であることが多かったんです。会費を払ってでも、まちづくりを真剣にやりたい人たちが集まっているので、ＪＣ自体が地元議会にそのまま変わっても市政は回るんじゃないかと思ったこともありました。

川辺　お金のためでなく、ボランティアでやっているからこそ、逆に、なれ合いや妥協もありません。毎年やっている恒例の事業であっても、何のために自分たちがやるのかという意義が不明確になれば、ゼロベースで考え直すこともあります。それが街に根付いた事業になれば、他団体や行政に運営をゆだねていくこともあります。そうした議論から新しい発想が出てくるのではないでしょうか。

森國　若手経営者の方には、地域貢献の智慧がありますし、情熱も強いですよね。以前お会いした地方の若手経営者の方は、「3カ月に1度の議会を半年に一度にし、夜間の開会にしてくれたら、無報酬でいいから地方議員になるのに」とつぶやいておられました。議会の規制緩和としてはありうると思いました。

6. これからの日本には「正直な政治」が必要

〝搦《から》め手〟の政治には限界がある

原口　19年に香港デモが起きて以来、蔡英文政権が息を吹き返してきたので、香港と台湾の民主主義は運命共同体のようです。台湾総統選で蔡英文が勝つことで、香港の民主化運動も、さらに勇気づけられます。

しかし、安倍政権は習近平を国賓《ひん》として迎えたいので、台湾との関係強化をする気はないのでしょう。香港の人権弾圧に改善が見られない限り、習近平を日本に迎えるべきではないと思うのですが…。

森國　そう思います。日本外交史の恥になります。どうしても国賓で招きたいというなら、もっと高い条件を突き付けるくらいの老獪さはあってもいいと思います。
　日本近海の領海侵犯を止めろとか、普通選挙を求める香港市民の声を聞けとか、東京五輪の開会式に蔡英文総統を呼ぶぞとか、押し込んでも良いのではないでしょうか。

城取　そうですね。

森國　大川総裁はよく、「安倍政権は正攻法ではなく、〝搦め手〟から攻める」と指摘されています。正々堂々と憲法九条の根本改正を訴えずに、日本版ＮＳＣ（※）や特定秘密保護法を通したりするわけです。
　方向性は良いものでも、何が問題なのか分かりにくいです。

※日本版NSC……大臣が集い、安全保障に関する重要事項、緊急事態への対処を審議する。

原口　しかし、幸福実現党は、堂々と九条の根本改正や防衛費の倍増などを訴えてきました。香港デモに対しても、初期から支援の意を表明しています。

森國　九条解釈も、やや不正直な感じがします。幸福実現党でも、空母を保有すべきと言っていますが、護衛艦を改造して実質的な空母にし、「これは空母ではない。多用途運用護衛艦です」と言い切るところに、不正直さがよく表れています。「状況が変わったから」と正直に国民に説明すればよいと思うのですが。方向性は正しいだけに、批判しにくいところもあります。

原口　九条に「自衛隊」の条文を加憲する案も、搦め手の一種だと思います。戦争放棄と軍隊を否定する条文が残っていたら、結局、根本が変わらないからです。

やはり、これからの日本の政治には、国民に本当に必要なことを、正直に、誠意をもって訴えかけることが大事なのではないでしょうか。

川辺　そうですね。私は、外国人労働者の活用に関しても、大きな「嘘」があると感じています。今の日本経済は景気が良くないのに、公共事業を盛んにやっているからか、多くの業界が人手不足です。人口減少も相まって、日本社会は外国人労働者の受け入れをいっそう求められていますが、政治は、彼らを「移民」として扱うことを拒み続けています。

森國　移民というとマイナスイメージなんでしょう。経済人は賛成も多いですよね。

川辺　例えば、技能実習生の場合、日本で車の免許を取っても、業務として、公道で運転することができません。建設業・土建業は特に外国人の受け入れに積極的な業界ですが、これは大きな障害です。それでも、ある程度、規模の大きな会社では問題ないのかもしれませんが、中小企業にとっては外国人一人でもできる仕事に、もう一人、日本人を付けなければいけないのは高いハードルになります。

もちろん、日本での運転は難しく、規制に合理性がないわけではないのでしょうが、彼らは信号も少なく、人がゴチャゴチャしているベトナムで上手に運転しているわけです。外国人でも日本人と同じ待遇で欲しがる企業はあるのに、そういう規制が雇用のチャンスを奪っています。

安倍政権下では、あくまでも「技能実習生は移民ではない」ということになりました。これこそ搦め手ですね。

この辺を真正面から移民と言えるかどうかという問題があるわけです。

城取　特定技能という在留資格ができても、在留期間には上限がありますからね。私もベトナム人などを技能実習生として受け入れている山形県のＪＣの先輩の企業数社を取材させていただいたことがありますが、「日本人以上に勤勉によくやってくれるが、ようやく仕事を覚えてきて、これからというところで本国に帰ってしまう」と嘆いていました。多くの実習生たちも「日本にもっといたい」と言っているそうです。

国連などの定義では、1年以上の滞在で立派な「移民」です。だから、日本の将来のためにも、いち早く本格的な移民政策を堂々と採っていくべきなのです。

「消費税減税」以外の減税は可能か

川辺　正直ではないのは、マスコミも同じです。れいわ新選組の「消費税廃止」は取り上げたのに、幸福実現党がそれを2009年に訴えた時は、まともに取り合いませんでした。今や消費税5％への減税は野党の間で一致できる政策になっています。
10％への増税が決まった後、民主党は選挙に敗れ、2014年には安倍政権が10％への増税延期をうたって選挙を行いました。幸福実現党は延期ではなく中止とし、

５％に戻すべきだと訴えましたが、当時は「増税延期を議論しているのに、５％に戻せるわけがない」という反応でした。２００９年から増税に反対し、５％への減税を訴え続けている政党があると、なぜ、マスコミは報じないのでしょうか。

森國　「宗教に政治が分かるのか」という偏見が目を曇らせているんだと思います。あと、税金に関して思うのは、消費税を10％にしたのなら、そろそろ、他の間接税も見直した方がいいのではないでしょうか。

城取　具体的に、どういうことですか。

森國　消費税は10％、軽減税率なら８％と国民は信じ込まされていますが、ガソリン税（揮発油税）や軽油引取税、酒税など幅広く消費課税が行われています。これを「消費税」と見るなら、国民は実質的には、15％くらいの負担をしているんです。

このような「隠れた消費税」は、そろそろ許されなくなってきているのではないでしょうか。

例えば、ガソリン1ℓ150円ほどですが、その内、60円弱はガソリン税と石油税です。缶ビール1本220円なら、50円以上の酒税がかかっています。電気代には、電源開発促進税や再エネ賦課金が上乗せされています。別途、消費税がもちろんかかります。

原口　まるで税金を買っているみたいですね。

森國　ガソリン税や酒税を撤廃するというような景気対策があってもいいのではないでしょうか。19年10月の増税後の外食離れは著しいですし、ガソリン税も地方部の生活を圧迫していると思います。

城取　最近、消費税増税と値上げで少し外食に行きにくくなりましたね。外食産業は厳しくなるんじゃないでしょうか。平均所得が低い地方部はさらに厳しいでしょう。

森國　1989年の消費税導入までは、特定の物に「物品税」がかかっていました。これは、消費税の導入と引き換えに廃止されたことになっていますが、燃料や電気、お酒などには残っていて、それが「隠れた消費税」になっています。たちが悪いのは、「ガソリン税×消費税」「軽油引取税×消費税」「酒税×消費税」と二重に課税されているということです。

じわりじわりと負担感は大きくなっています。どうしても消費税を下げたくないということなら、「隠れた消費税」を見直してもいいと思います。

川辺　そうですね。車はぜいたく品ではなく、地方では必需品なんです。一人一台は必要ですよ。

森國　ガソリン税や石油税を払っていても、シーレーン防衛には活かされていませんし、今の政府なら、ＣＯ２排出抑制や環境保護などに使うと言いかねません。輸送コストが少なくなる方向に、税制をシフトするというのも一つの手だと思います。あとは、かつて大川総裁が提言され、民主党に借用された「高速道路無料化」を、もう一回、訴えてみてはどうでしょうか。

城取　確かに、高速道路の料金は高いですね。私も山形県に6年住みましたが、ほかの地方部でも、車にかかる全ての負担が全家庭に重くのしかかるはずです。

森國　高速道路も、一定期間が過ぎれば本来は無料になる（もしくは安くなる）はずでした。また、ガソリン税も、実は、法律で元々決まっているものの2倍の税率がかかっているんです。

自民党や公明党の議員は、これをなくした場合、財務省から「地元の道路が通りませんよ」と脅されるので、言えないのでしょうが、本当に必要な道路なら、建設国債を使うべきなのではないかと思います。

原口　物品税が下がり、輸送費が下がれば、外食産業の支援にもなりますね。

森國　電気代だって「隠れた消費税」がたくさん潜んでいます。電気代の明細書を一度見てみて下さい。再生可能エネルギーの普及のために、家庭の電気代に1割くらい、賦課金が上乗せされています。年間の賦課金総額は2.4兆円にまで達していますす。実質的には、消費税1％分くらいの税金です。代替エネルギーの推進という意味では、すでに電源開発促進税がありますから、二重取りです。さらに、原発の規制基準が厳しくて、電力会社に5兆円以上のお金をかけさせています。結局、国民が電気代で負担です。エネルギーの専門家には、まともなエネルギー政策を実行すれば、電気代は2～3割は下がるとおっしゃる方もいます。

10%に上げた消費税は下げるのが一番です。もしどうしても下げたくないのなら、「隠れた消費税」をたな卸しすべきです。「財源は?」と言われますが、増税後の景気対策で13兆円も計上しているんですから、それなら間違いなく減税できます。

川辺　確かに、野党と差別化する減税は、いろいろと考えられそうです。

原口　「正直ではない政治」の問題点を考えていったら、国防から経済まで、幅広い論点が見えてきました。幸福実現党は、ずっと「減税と安全保障」を訴え続けてきたのですが、やはり、これを押し通したいですね。日本の未来のために、正直に、誠意をもって、本当に国民に必要な政策を訴えていきたいものです。

7．志をつらぬく決意

原口　最後に、締めくくりとして、「名誉塾長と出会い、立てた志をどのようにつらぬくのか」ということを聞いてみたいと思います。

川辺　凄く印象に残っているのは、２０１２年の冬の衆議院選挙です。

北関東ブロックで、大川総裁と一緒に同じ街宣車に立つことになりました。私が前座を努め、その後に大川総裁が街宣をしたのです。強風が吹き上げる寒空の下、総裁は「この地上に正義を！　地球に正義を！　日本人よ、その筆頭に立とうではありませんか！」と声をからして訴えられました。

そして最後に、私の背中をポンと叩いて、「川辺君をよろしく」と言ってくださったことは、忘れがたい思い出です。その時、何としても、世界のリーダーとなる日本をつくるという志に一生を捧げていきたいと思ったのです。

羽根木公園の梅の花は春に先駆けて2月の寒い時期から咲きますが、同じように、日本の春の魁《さきがけ》を担っていきたいですね。

城取　私は、幸福の科学に奉職するかどうかを決断する時に、ちょうど東京正心館で「青年と勇気について」という御法話を拝聴いたしました。当時、社員数15名のベンチャーで番頭役のナンバー2をしていたのでなかなか踏ん切りがつかず、会社には「1年後に辞めます」と濁していたんです。ただ心は悶々としていました。しかし、御法話の中で頂いた「青年は勇気を持ちなさい」という一言が胸に突き刺さり、翌日社長に直談判して「すぐに辞めます」と言いました（笑）。そうしないと、今までのように、自分がずるずると流されてしまうような気がしたからです。後継者として期待して下さっていた社長は激怒しましたが、最終的に理解してくれました。そこで押し切ったことで、今の道が開けたように思います。

また、初めに述べたように、『国家の気概』という経典を読んで、日本を守るために、２００９年には衆院選に挑みました。

どちらも、名誉塾長の言葉に後押しされてきました。

入塾式で、日本から大きなムーブメントを起こしたいと名誉塾長の前で話した通り、日本から世界に幸福実現党の未来ビジョンを広げていきたいと考えています。

森國　私は、入塾式の際、「世界で幸福実現党のネットワークを作るにはどうしたらいいでしょうか」と質問させていただいたのですが、大川総裁からは、「上求菩提・下化衆生(※)の矛盾の統合をとにかく目指すこと」「一日一生の努力の継続が大切なんだ」と教えていただきました。今世の指針でもありますし、志の原点だと思っています。

『幸福実現党宣言』のあとがきに「開かれた国民政党」という言葉があるのですが、「宗教政党」であり「開かれた国民政党」も目指しているというところに、無

※悟りを求めつつ、人々の魂を救済するという仏教の理想を示す言葉。

上の憧れを感じるんですよね。「宗教政党」と「開かれた国民政党」というところは矛盾を感じられる方もいらっしゃると思いますが、これを統合するところに、21世紀型の新しい政党像もあるのではないかと思っています。面白いですよね。そういう大きな器の政党になれるよう、これからも粘り強く頑張っていきたいと思っています。

原口　そうですね。これからも志をつらぬき、精進を続けていきましょう。

第4章

HS政経塾の使命

1. なぜ幸福実現党から政治家を目指すのか

対談　油井哲史×原口実季

油井　哲史（ゆい・てつし）　１９８０年生まれ。宮城県仙台市出身。桜美林大学国際学部を卒業後、広告代理店に勤務。ＨＳ政経塾では農業政策などを研究（第五期生）。現在、幸福実現党宮城県統括支部代表。

ＨＳ政経塾への入塾で人生が一変した

原口　まず、私たちの政治活動の始まりについて考えてみたいのですが、２００９

年に幸福実現党ができた時、どう感じましたか。

油井　当時、会社をやめて立候補する仲間の姿を見て、「すごいな。とても自分にはできないな」と思いました。でも、当時から見れば信じがたいことですが、今は、自分が同じ挑戦をしています。その人生の分かれ道が、ＨＳ政経塾への入塾でした。

原口　どうして入塾しようと思ったのでしょうか。

油井　30歳を過ぎて、私は「自分がこの世に生まれてきた使命はどこにあるのか」ということを真剣に考えていました。広告の仕事をしており、忙しく、大変ながらも、毎日が充実していました。それまで通り、仕事をしていれば、ベテラン社員として、ある程度、安定した仕事ができたかもしれません。
　その中で、東日本大震災が起きたのです。被災地でボランティアをしました。

復興は各人の努力だけでは難しく、どうしても行政の助けが必要でした。「政治に力がなければ世の中を変えられない。復興もできない」と痛感したのです。

また、「幸福実現党が発信する政策が広がれば、国民はもっと幸福に、豊かになる。さらにこの国は飛躍できる」と思いました。

それで、大川総裁が創設したＨＳ政経塾に入塾しようと思いました。

原口　入塾して何が変わりましたか？

油井　それまではサラリーマンとして成功し、社会に貢献したいと考えていました。しかし、今は神仏の理想を実現することが自分の志なんだと考えています。

入塾式では、ありがたくも、名誉塾長の前で、理想政治を実現するために、第二の人生を生きることを誓わせていただきました。

それが人生の転換点だったと思います。

原口　油井さんは塾に入って、すごく変わったとも聞いているのですが。

油井　入塾前は、世俗の中にまみれて生きてきたのですが、入塾してから1か月、幸福の科学の総本山・正心館で雲水《うんすい》修行をさせていただきました。

朝の祈りから始まる生活の中で作務《さむ》(※)や座禅などに打ち込み、人生を振り返る機会をいただいたのです。

1か月間という短い時間でしたが、仕事に追われる日常から離れ、自分自身と向き合いました。自らの人生を振り返りながら、社会人として生活している中で、どこに心のブレがあったのか。また、自分の意志がどこに向かっていたのかということを、深く見つめていったのです。その中で、これまでの価値観や考え方が変わり始め、信仰者としての入り口に立てたように思います。

1ヶ月間でさっぱりして帰ってきて、そこから新しい人生が始まりました。今から思えば、塾での3年間は、志を固める期間だったと思います。

※作務……清掃や炊事などの作業に没頭する中で、利他の境地を目指す禅修行。

自分としても、何かが変わったという実感があったのです。

原口　その体験は、今の活動にも生きていますか。

油井　活動する中で大切だと感じているのは、「宗教者としての心」です。大事なのは、神仏の光に近づいていきたいという思いです。それがなくなると、自分自身が偉くなったかのように錯覚しますし、支援者の皆様から「慢心している」と言われるようになります。

支援者の中には、熱心な信仰者もいます。

そうした、信仰に人生を賭ける真剣な人たちの目を誤魔化すことはできません。

原口　政治家は「公僕」ですが、権力を持つと、人は慢心してくると思います。その傲慢さを戒めるためにも、やはり政治家は神仏を信じて、神仏の前に謙虚であることが大切ですよね。

政治家に求められる霊的人生観

油井　有権者の皆様に接する時、「お困りのことはありませんか」と聞くと、「年金を増やしてほしい」とか「教育の無償化の範囲を広げてほしい」というような答えが返ってくることもあります。

それは、既存の政党がバラマキを続け、選挙のたびに大盤振る舞いの公約を掲げてきた結果なのですが、そこには依存症にも似た恐ろしさがあります。

バラマキは、一度やってしまったら、やめるのが難しいからです。

原口　日本で「自助努力の精神」を掲げている政党は、今や幸福実現党だけです。

油井　活動の中で、こうした主張に賛同し、励ましてくださる方ともお会いすることがあります。いつまでもバラマキは続けられないからです。「今の政治は大丈夫か」と憂う良識ある方々に支えられ、幸福実現党は活動を続けてきました。

原口　大川総裁は、２００９年の講演会で、若者に向けて、「国が自分に何をしてくれるかではなく、自分が国に何ができるかを考えるあなたたちであってください」とおっしゃっていました。

この世だけの幸福を考えれば、国家に面倒を見てもらい、「無償化」などで予期せぬお金をもらえるのは、幸せかもしれません。

しかし、「あの世がある」のならば、見方が変わってくると思います。

幸福の科学では、「神仏が見てくださっていると思って、日々の生き方を正し、努力して、愛に生き、徳を積む」という霊的な人生観を訴えています。私たちは、努力して試練を越え、その時につかんだ智慧で、他の人を助けていく時に、自分も他人も幸福にできると信じているのです。努力そのものが幸福だと考えているのです。しかし、国に頼るばかりでは、そうした幸せは味わえません。

自民党が左傾化する中で、「自民党と幸福実現党の違いは『大きな政府』か『小さな政府』かだけだから、自民党が『小さな政府』『減税』を掲げれば、幸福実現党と変わらない」というお声をいただくこともあります。

しかし、そのもとにある人生観が、違います。

アメリカのケネディ大統領も「国に何ができるか」を問うべきだと就任演説で訴えました。こうした、国民に勇気と誇りを与える政治家が必要なのだと思います。

そして、国民が誇りを持つには、「自分は神仏から創られた尊い存在なのだ」という信仰観が大切ですよね。

油井　トランプ大統領もオバマ大統領も、聖書に宣誓して職務を開始したのを見ればわかるように、アメリカの民主主義の根本には信仰心があります。公立校では、生徒たちが「神の下にある一つの国」であるアメリカの国旗に忠誠を誓い、軍人は、それを守るために命を賭けています。宗教的な精神こそが国家の背骨なんです。

幸福実現党・創立者の願いを次代に伝えていく

原口　大川総裁は２００９年に幸福実現党を立党され、大講演会を各地で開催し、自らマイクを握られて、新宿や池袋などで街頭演説をされました。私はその時、一人の若者として総裁のお姿を見ていました。それは私にとっての人生の転機でした。

これからＨＳ政経塾に入ってくる人たちは、当時はまだ小学生だったりするので、立党当時の衝撃と感動を、肌身で感じていない人も出てくると思います。

今度は私たちが、自分たちの活動で政治に命をかける若者を増やさなければならないと感じています。

油井　当時は、波乱万丈でしたね。世の中の人も、「立党」に驚いていました。時代が変わる衝撃があり、いい意味で突き抜けていました。
会社を辞めて立候補する人もいました。

原口　しかし、当選者は出ず、民主党政権ができてしまった。そのあとは、国難を救うために戦い続けた。その「救国の志」を次の世代にまで伝えたいと思うのです。

油井　振り返ると、幸福実現党の立党があったからこそ、やはり、私は政治家を志したんだと思います。立党がなかったら、今の自分はありません。
卒塾生には、会社を辞めて政経塾のドアを叩いて入ってきた人がたくさんいます。その人たちは、みな一様に、思いが強い。それは、政治の理想を追いかけるために、今までの生活を捨ててきたからだと思います。

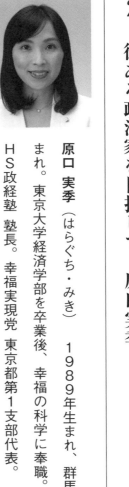

2. 徳ある政治家を目指して　原口実季

原口　実季（はらぐち・みき）　1989年生まれ、群馬県生まれ。東京大学経済学部を卒業後、幸福の科学に奉職。現在、HS政経塾　塾長。幸福実現党　東京都第1支部代表。

政治家に求められる「徳」

「徳のある政治をつくりたい」という希望を私は持っています。政治のなかに、徳の存在というものを、明らかに打ち上げたいと思っているのです。

「政治家に徳がない」ということが、今、問題なのです。したがって、徳のある

政治家を数多くつくりたいのです。（中略）
「明らかに徳のある政治家をつくり出していきたい」と考えています。

『政治の理想について』より

幸福実現党が立党した２００９年、党創立者である大川隆法総裁は、このように、「政治」と「徳」について語っています。

現代日本で、政治家の資質として「徳」というものが語られることは、ほとんどありません。しかし、西洋哲学や東洋思想において、そして日本の伝統においても政治指導者の資質としての「徳」の本質は長らく説かれ続けてきました。

手練手管ばかりの政治家が横行する中で、「徳のある政治家」をＨＳ政経塾から輩出していきたいと思います。

政治家にとっての「智・仁・勇」

儒教の祖・孔子は、徳は「智・仁・勇」からなると教えました。

政治家にとっての「智」「仁」「勇」とは何でしょうか。

「智」は、政治や経済についての専門知識を持ち、国民を幸福にできる政策を打ち出すことができるかどうかにかかっています。また、心についてよく知り、人情の機微に通じていることも大切です。

「仁」は、「愛の心」だとも言えます。一人でも多くの人に幸せになってほしいと真心から思っているかどうかです。

そして、「勇」は、「正しいことは正しい」「間違っていることは間違っている」と善悪を分け、決断し、行動できるかどうかで計られます。

政治家に求められる人間観

しかしながら、国民を幸福にする政策を出すには、「人間にとって幸福とは何か」という、問いへの答えが必要です。

つまり、「幸福」についての考え方がなければなりません。

また、「これが正しい」と決断するには、正しさの基準がなければなりません。そして、その奥には、「人間はいかに生きるべきか」「人間とはどのような存在なのか」という「人間観」があるはずです。

「智・仁・勇」の徳を備えた政治家になるためには、そのもとになる「人間観」が必要なのではないでしょうか。

例えば、アメリカ合衆国においては、独立宣言の中に「All men are created equal.（全ての人は平等に創られている）」という文言が盛り込まれています。人間は神に創られた存在であるという「人間観」がしっかり入っています。そして、これが人権の根拠になっています。「政教分離」と言われているアメリカでも、その根底には宗教的精神が流れており、大統領は聖書に手を置いて宣誓し、仕事を始めるのです。

翻ってみると、日本国憲法では、「人間とはどのような存在か」という定義がありません。「基本的人権の尊重」が謳われていますが、その根拠である、「なぜ人間は尊いのか」という根本の問題について明確なことは書かれておりません。

どのような人間観を持つかで、幸福についての考えは大きく変わっていきます。

もし、神仏もあの世もない、この世だけで完結する人間観であれば、人生の目的は、よりよき「生存」となり、この世だけの幸福を追い求めるようになります。この世における出世や名誉などの世俗的幸福を求めるか、「人生は楽しければよい」というような、快楽主義的な幸せを求める人が数多く出てくるかもしれません。

一方で、神仏やあの世を信じる人生観であれば、「来世での幸福」を考えた上で、この世での生き方を決めるようになります。幸福の科学では、「神仏が見ていると思って、日々の生活を正し、努力・精進し、愛に生き、徳を積む」という霊的な人生観を教わっています。人は、「神仏」の存在を信じてこそ、正しく生き、また、自分の幸せだけでなく、他人の幸せも考えられるようになるのではないでしょうか。

私は、「人間は神仏から創られた神の子・仏の子である」という宗教的精神を出発点とすべきだと思います。

ＨＳ政経塾では、３年間の修行期間で、政治家になる上で必須となる専門知識、つまり、法律や政治、経済・経営などについて学んでいます。そして、その知識をもとに、各自がテーマを設定して、実現したい政策について研究をしていきます。

政治家は、私たち国民の人生の幸・不幸を大きく左右する決断を迫られることもあります。多くの人の人生に責任がある職業です。そのためにも、結果に責任を負える見識を積むことを、塾でも重視しています。

しかし、それだけでは、世間によくある政治塾とたいして変わりはありません。

塾で最も大切にしているのは、「人生観」であり、「哲学」であり、「信仰」です。「人間はいかに生きるべきか」という人間学や「人間にとって幸福とは何か」という問いについて、大川隆法名誉塾長の心の教えを深く学び、心を練っていきます。そして、名誉塾長の著作を中心として、プラトンやジョン・ロック、モンテスキューやハンナ・アーレントなどの政治思想、またはアダム・スミスやシュンペーター、ハイエクやドラッカーなどの経済思想に関する著作を読み込んで、「理想の政治のあり方」「経済のあるべき姿」について考えを深めていきます。これらは、政治・経済において正しい判断を下すための基礎づくりです。

「信仰」があってこそ、人間として生きるべき「正しい」道がわかります。「信仰」があってこそ、本当の「幸福」をつかむことができます。

政治家は、人々を「正しく」導き、人々の「幸福」を実現する指導者です。そうであるならば、政治家の資質として「智・仁・勇」のもととなる「人間観」が問われねばなりません。その人間観が「信仰」に基づいていることが大事だと思います。

神仏の心にかなった政治をするために

それは、宗教的精神を国是とした宗教立国を目指すということでもあります。大川総裁の『新・日本国憲法試案』の前文では、次のように記されています

〔前文〕われら日本国国民は、神仏の心を心とし、日本と地球すべての平和と発展・繁栄を目指し、神の子、仏の子としての本質を人間の尊厳の根拠と定め、ここに新・日本国憲法を制定する。

「神仏の心」を受けて政治をしよう、という考え方は、日本古来の考え方でもあります。天照大神を主宰神とする日本では、万世一系の天皇が祭祀《さいし》王として、国民の幸福と繁栄を祈ってきました。天皇は「祈る」祭祀王であり、宗教指導者です。

そして、飛鳥時代には、聖徳太子が仏教精神を国是とした国体につくりかえました。「十七条憲法」では「和を以って貴しとなす」や「篤く三宝を敬え」など、宗教的精神のもとで国を治めています。

奈良時代には聖武天皇と光明皇后のもと、全国に国分寺が建造されるとともに、東大寺の大仏が建立され、仏教による国家鎮護《ちんご》がされています。

日本は長らく、宗教的精神を国是とした宗教立国だったのです。

一人でも多くの人を幸せにしたい――。

この心において、政治と宗教は一体です。

宗教者は、心を清らかにして「神の心」とつながり、「愛の心」で人々の幸せを祈ります。政治家も同じように、「神の心」を映すことができる、鏡のように澄んだ心を持たなくてはならないと思います。

それは、神仏から見られても恥ずかしくない心で生きるということであり、別の言葉で言うならば、人としてまっとうであること、人として誠実であるということでもあります。
ＨＳ政経塾においても、日々の宗教生活における反省・瞑想・祈りや、精舎（幸福の科学の研修道場）での雲水修行などを通して、「心を磨く」修行をしています。

政治家は、「瞑想をし、沈黙のなかにあって、天上界の神や高級霊の声を聴き、彼らが見せてくれるビジョンを見る」という修行をしていただきたいのです。（中略）政治家として最も上に立つ人は、神の側近くにある人でなければいけないのです。

『真実の目覚め』より

奴隷解放をなしとげた大統領として尊敬を受けてやまないリンカン大統領は、南北戦争の最中、国民のためを想い、ホワイトハウスで、床に爪を立て、涙を流しながら祈りを捧げていたと言われています。権力は時として人を狂わせ、傲慢にしますが、それを戒めるのが、「神への信仰」でもあります。リンカンのように、神の前に「謙虚」で、「愛の実践」をしていく政治家を輩出していきたいと思います。

未来をうばうバラマキ政策の恐ろしさ

今、若者の政治に対する「無関心」が、世間でもよく話題となっています。実際に、10代、20代、そして30代の投票率は非常に低く、その結果、より上の世代向けの政策を政治家が訴え、若者の政治への無関心は進むばかりです。

ただ、私は、投票をしない若者たちだけの問題ではないと思います。

今の政治に「未来」がない。

これこそが今、問題なのではないでしょうか。

既存の政党や政治家は、数多くのバラマキ政策を打ち出しています。まるで、かつてのイギリスのような「ゆりかごから墓場まで」の福祉国家を目指しているようにも見えます。国家がお世話をしてくれるのは、一見、夢のような「未来」かもしれません。しかし、うまい話には、必ず罠があるものです。

「増税」です。

「ゆりかごから墓場まで」の社会福祉は、その後必ず大増税を必要とします。「地獄への道は善意で舗装されている」という言葉の通りであり、そのツケを負うのは若い世代なのです。これで明るい未来の夢を描けるはずがありません。

自分たちの力で幸福をつかむ

今の政治で問題なのは、戦後、各党がバラマキ政策を打ち出す中で、新たな〝常識〟ができてしまった、ということではないでしょうか。

「国家は私たち国民に何かをしてくれるもの」、という〝常識〟です。

しかし、この〝常識〟が、そもそも「おかしい」のではないでしょうか。

日本は、「主権在民」の国のはずです。

私たち国民は、国家の「お客様」ではなく、国家の「主人」です。

私たち一人ひとりが、国家をつくっていく構成員です。

そうであるならば、「国家が何をしてくれるか」ではなく、「自分たちは何ができるか」が大事なはずです。


「国家が、自分に何をしてくれるか」

ということばかりを政治に求めてはいけません。

「自分が、国家のために、今、何ができるか」

ということを真剣に考えてほしいのです。

「国が自分に何をしてくれるのか」
そんなことばかりを考えていてはいけません。
あなたがたの力は小さいかもしれない。
投票しても一票しかないかもしれない。
しかし、その小さな一票、一滴が、
この国を変え、この国の未来を変えていくのです。
政府や国家が、あなたがたを幸福にしてくれると思ってはいけません。
あなたがたを幸福にするのは、
あなたがた自身の、あなたがた一人ひとりの努力・精進の積み重ねなのです。
人々の力を合わせ、人々が協力して、
よい国をつくっていかなければならないのです。

『政治に勇気を』より

幸福の科学では、自分たちが「神仏に創られた存在」であり、自らを磨くことによって、神仏と同じような光を宿すことができる、と教わっています。

それは、私たちが自分たちの意志と努力によって、勤労の精神によって、自らの未来を創ることができる、幸福をつかめるということでもあります。

自助努力の精神

日本においては、「勤労は美徳」でした。その代表的な人物が、二宮尊徳です。薪を背負って勉強する銅像で有名な二宮尊徳は、勤倹貯蓄の精神で家を建て直し、藩の財政再建や農村の復興をなしとげていきました。「努力を積み重ねて大を為す」という二宮尊徳の「積小為大《せきしょういだい》」の精神は資本主義の原点です。

また、明治以降の日本は、急速な近代化を進め、めざましい発展を遂げました。

その発展の原動力となった二大啓蒙書が、一つは福沢諭吉の『学問のすすめ』であり、もう一つが中村正直《まさなお》訳の『西国立志編《さいごくりっしへん》』です。

「天は自ら助くる者を助く」という句から始まる『西国立志編』は、「自助努力の大切さ」を数々の実例とともに伝え、当時のベストセラーとなりました。トヨタグループ創始者の豊田佐吉氏も、その本に非常に感銘を受けたと言われています。江戸時代の藩政改革、明治時代の殖産興業、そして戦後の経済復興を成し遂げたのは、日本の先人の方々が連綿と紡いでくださった「勤労の精神」でした。

これは、アメリカの保守的な考え方とも一致しています。

自分でできることは、まず自分でする。

自分でできないことは、家族で助け合う。

家族でもできないことは、地域や宗教などのコミュニティ、あるいは成功者の騎士道精神で助け合う。それでも無理な場合のみ、国家が助ける。

このような「自助努力」と「共生きの心」、「騎士道精神」こそ、一人ひとりが輝き、国全体が明るくなるキーワードだと思います。

政治家の役割

では、政治家は何をするべきなのでしょうか。

政治家の役割は、一つは「国民の生命・安全・財産を守ること」であり、もう一つは「国を豊かにすること」であると思います。

国家というのは、私たち一人ひとりの集まりです。

国が豊かになるということは、私たち一人ひとりが豊かになるということです。

そのためには、自助努力できる社会、つまり努力が報われる社会をつくっていくことが大切です。「お金を配る」のではなく、自助努力できる社会をつくるための

「制度設計」こそが、「政治家の仕事」ではないでしょうか。

その「制度設計」である「減税」や「規制緩和」などについて、ＨＳ政経塾生も日々研究しています。

志をつらぬく

「国家繁栄のための制度設計」とともに重要な役割が、「国民の生命・安全・財産を守ること」です。

戦後、平和主義を掲げ、安全保障を米国まかせにしてきた日本には、少し遠い話に聞こえるかもしれません。

私が政治に関心を持つようになったのは、中学1年生のときに起きた、アメリカ同時多発テロ事件でした。当時、家族とテレビ中継を観ていたときの衝撃と悲しみは、今も鮮明に記憶しています。テロ事件の1年半後にはイラク戦争もあり、その頃から「戦争と平和」や「国際協力」、「国際政治」といったものに関心を持つようになりました。しかし、それは「どこか遠くの国」で起きていることであって、自分の国の問題とは捉えられませんでした。

転機となったのは、2009年に起きた、北朝鮮の弾道ミサイル発射実験でした。日本上空をミサイルが飛ぶという、国防危機であるにもかかわらず、憲法九条が足かせとなって、堅固な防衛体制を整えられない――そうした問題が明らかになり、それに立ち向かうべく立党した幸福実現党の政治運動に、当時20歳だった私も参画するようになりました。

その年は、大川隆法党総裁が全国各地で講演をされました。立党して間もない五月には、大阪で「感動を呼ぶ生き方とは」という講演をされ、私も本会場に足を運びました。その時、獅子吼《ししく》された総裁のお姿は、今も忘れることができません。

不惜身命《ふしゃくしんみょう》です。

宗教家として世に立って以来、すでに命は捨てています。

真理のために戦います。

その戦いを、命尽きるまでやめません。

宗教家が畳の上で死ねるとは思っていません。

御法話「感動を呼ぶ生き方とは」より

「不惜身命」とは、「命を惜しまない」ということです。

まえがきでは、HS政経塾の志を、「現代の松下村塾はここにあり」という言葉で伝えさせていただきました。

明治維新の源流となった松下村塾の吉田松陰《しょういん》が行動で示されたことも、まさに「不惜身命」そのものであったと思います。激誡《げきせい》の教育者として、数多くの弟子たちを育て上げた吉田松陰は、幕府に処刑され、29歳の生涯を閉じました。

死の前日に書かれた『留魂録《りゅうこんろく》』には、辞世の句が綴《つづ》られています。

「身はたとひ武蔵の野辺に朽《くち》ぬとも留置《とどめおか》まし大和魂」

命を賭してでも、なすべきことがある——。

この『留魂録』に込められた「不惜身命」の心に感化された弟子たちも、命を惜しまずに戦い、回天の偉業が成し遂げられました。

その生き様は、私たちに、「志とは何か」を語っています。

志とは、「生きる」意味であること。

志とは、「死ねる」理由であること。

志こそが、自分自身であること。

生と死を乗り越えて、自分が自分であり続けること、それが「志をつらぬく」ことだということ。

私たちは「志」を立てています。

たとえ何があろうとも、志をつらぬいてまいります。

「本当の意味で幸福になる政治とは何なのか」「神の心にかなった政治とは何なのか」ということを、正々堂々と訴えられる政治家になりたい。

「正しいことは正しい」と決断できる、勇気と気概のある政治家になりたい。

そして、いつか私たちも、これからの若い人たちに、「不惜身命」を自らの姿で伝えられる人になっていきたい――。

今まで支えてくださった全ての方々、そして私たちを見守り育ててくださっている大川隆法名誉塾長への限りない感謝を胸に、これからも歩みを止めることなく、精進を続けてまいります。

あとがき

本書をお読みいただいた皆様に、心より感謝申し上げます。

「千日の稽古《けいこ》を鍛とし、万日の稽古を錬とす」

『五輪書』に書かれた宮本武蔵の言葉です。

HS政経塾では3年間、つまり千日の稽古のなかで、さまざまな知識を身につけますが、修行はそれで終わりではありません。卒塾後にも、万日、つまり約30年間の稽古のなかで、さらに知識・経験を積み、心を練らなければ、「鍛え練り上げられた」人材にはならないということが、この剣の達人の言葉からうかがえます。

私たちには、志があります。

そしてその志は、「鍛錬」、火のなか水のなかをくぐりぬけ、自分を鍛え上げてこそ、つらぬけるものです。

「万日の稽古」は、まだ始まったばかりです。

これからも多くの皆様から学び、精進を続ける私たちでありたいと思います。

HS政経塾、そして塾生を支援してくださっている皆様に、心の底より感謝申し上げるとともに、今後も引き続き、ご指導ご鞭撻の程、何卒宜しくお願い申し上げます。

最後に、本書を発刊するにあたり、ご尽力いただいた皆様に心より感謝申し上げます。

そして、私たちを育ててくださり、本書の発刊をお許しくださった大川隆法名誉塾長に厚く御礼申し上げます。

2020年1月27日

HS政経塾　塾長　原口実季

編著＝HS 政経塾
2010年4月に開塾。大川隆法名誉塾長（幸福の科学グループ創始者 兼 総裁）が「未来の日本を背負う、政界・財界で活躍するエリート養成のための社会人教育機関」として設立。政治家や経営者を目指す若者に専門知識を深める機会を提供しつつ、既存の学問を超えた「仏法真理」を教える「人生の大学院」でもある。理想の国づくりと世界の平和と発展に貢献する本物の人材を多数、輩出することを目指している。

志をつらぬく　HS政経塾の挑戦

2020年2月 7日　初版第1刷

編著　HS政経塾

発行　HS政経塾
〒107-0052 東京都港区赤坂 2-10-8 ユートピア活動推進館 9F
TEL (03) 6277-6029

発売　幸福の科学出版株式会社
〒107-0052　東京都港区赤坂 2-10-8
TEL (03) 5573-7700　https://www.irhpress.co.jp/

印刷・製本　中央精版印刷株式会社

落丁・乱丁本はおとりかえいたします

ISBN:978-4-8233-0147-6　C0030
カバー写真：iStock.com / jamesteohart

人生の大学院として、理想国家建設のための指導者を養成する

HS政経塾

HAPPY SCIENCE INSTITUTE OF GOVERNMENT AND MANAGEMENT

■ＨＳ政経塾とは

幸福の科学　大川隆法総裁によって創設された、「未来の日本を背負う、政界・財界で活躍するエリート養成のための社会人教育機関」です。既成の学問を超えた仏法真理を学び、地上ユートピア建設に貢献する人材を輩出する「現代の松下村塾」「人生の大学院」として設立されました。

大川隆法名誉塾長

「ＨＳ政経塾」の志とは

ＨＳ政経塾の志をあえて述べれば、「現代の松下村塾はここにあり」というところです。

松下村塾そのものも、山口県萩市にある遺構を見ると、非常に小さな木造の建物ですけれども、あそこから明治維新の偉大な人材が数多く出てきました。

やはり大事なのは規模や環境ではなく、志や熱意を中軸にして、各人の行動力や精進力に火をつけていくことなのです。

したがって、自分に厳しくあっていただきたいのです。あらゆる言い訳を排して、自らに厳しくあってください。自らを律し、自ら自身を研鑽して、道を拓いていただきたいと考えています。

（ＨＳ政経塾第一期生入塾式 法話「夢の創造」より）

カリキュラムの特徴

① 仏法真理の徹底教学

信仰心を深め、見識を磨き、宗教立国実現のビジョンを腑に落とします

② プロフェッショナルとしての土台を築く

政策立案や起業に向けた専門的知識と実践力を身につけます。

③ 政治家・企業家としての総合力の養成

体力・気力・胆力に磨きをかけつつ、リーダーとしての人間力や問題解決能力を鍛えます。

塾生募集 ※2020年現在のものです。

国を背負うリーダーを目指す、熱き志ある方の応募をお待ちしています。

【応募資格】 原則22歳～32歳で、大学卒業程度の学力を有する者。

【応募方法】 履歴書をお送りください。毎年、2月ごろに第一次募集要項（主に新卒対象）、8月ごろに第二次募集要項をホームページ等にて発表いたします。

【待遇】 研修期間は、3年間を上限とします。毎月、研修費を支給します。

公式ホームページ https://hs-seikei.happy-science.jp/
公式Facebook https://www.facebook.com/hsseikei/
お問い合わせは hs-seikei@kofuku-no-kagaku.or.jp
03-6277-6029 まで。

大川隆法シリーズ・**最新刊**

新しき繁栄の時代へ

地球にゴールデン・エイジを実現させよ

中国対香港・台湾、アメリカ対イラン、地球環境問題……。激突する世界情勢のなかで、新しき繁栄の時代を拓く鍵とは。日本と世界にあるべき未来を指し示す。

1,500円

アメリカには見えないイランの本心

ハメネイ師守護霊・ソレイマニ司令官の霊言

イランは独裁国家ではない―。司令官の「死後の心情」や最高指導者の「覚悟」、トランプ大統領の真の狙いなど、緊迫する中東情勢の深層が明らかに。

1,400円

イエス　ヤイドロン　トス神の霊言

神々の考える現代的正義

香港デモに正義はあるのか。LGBTの問題点とは。地球温暖化は人類の危機なのか。中東問題の解決に向けて。神々の語る「正義」と「未来」が人類に示される。

1,400円

イギリス・イランの転換点について

ジョンソン首相・ロウハニ大統領・ハメネイ師・トランプ大統領守護霊の霊言

ＥＵ離脱でイギリスは復活するのか？ 米とイランの和解はあるのか？ 各国の首脳に本心を訊く！ 安倍首相・グレタ氏守護霊、ガイアの霊言を同時収録。

1,400円

※表示価格は本体価格（税別）です。

大川隆法ベストセラーズ・日本の取るべき道を示す

日本の使命

「正義」を世界に発信できる国家へ

香港民主活動家アグネス・チョウ、イランのハメネイ師＆ロウハニ大統領 守護霊霊言を同時収録。哲学なき安倍外交の限界と、東洋の盟主・日本の使命を語る。

1,500円

リーダー国家　日本の針路

イランのハメネイ師とイスラエルのネタニヤフ首相の守護霊霊言を同時収録。緊迫する中東情勢をどう見るか。世界教師が示す、日本の針路と世界正義。

1,500円

自由・民主・信仰の世界

日本と世界の未来ビジョン

国民が幸福であり続けるために──。未来を拓くための視点から、日米台の関係強化や北朝鮮問題、日露平和条約などについて、日本の指針を示す。

1,500円

長谷川慶太郎の霊言

霊界からの未来予言

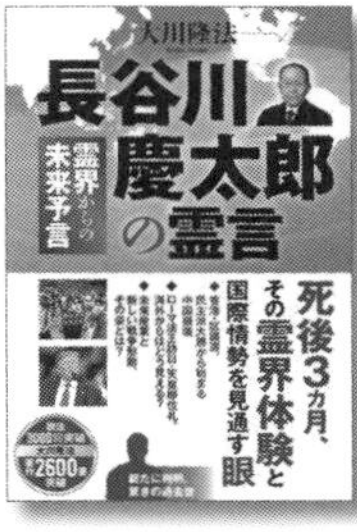

国際エコノミスト・長谷川慶太郎氏の、死後3カ月の霊言。2020年以降の国際政治・経済・外交・軍事などを斬れ味鋭く語る。数々の過去世も明らかに──。

1,400円

大川隆法ベストセラーズ・世界に正義と平和を

いま求められる世界正義

The Reason We Are Here
私たちがここにいる理由

英語説法
英日対訳

カナダ・トロントで2019年10月6日（現地時間）に行われた英語講演を収録。香港デモや中国民主化、地球温暖化、LGBT等、日本と世界の進むべき方向を示す。

1,500円

愛は憎しみを超えて

中国を民主化させる日本と台湾の使命

中国に台湾の民主主義を広げよ──。この「中台問題」の正論が、第三次世界大戦の勃発をくい止める。台湾と名古屋での講演を収録した著者渾身の一冊。

1,500円

繁栄への決断

「トランプ革命」と日本の「新しい選択」

ＴＰＰ、対中戦略、ロシア外交、ＥＵ危機……。「トランプ革命」によって激変する世界情勢のなか、日本の繁栄を実現する「新しい選択」とは？

1,500円

The Age of Mercy
慈悲の時代

英語説法
英日対訳

宗教対立を乗り越える「究極の答え」

慈悲の神が明かす「真実」が、世界の紛争や、宗教と唯物論の対立に幕を下ろし、人類を一つにする。イスラム教国・マレーシアでの英語講演も収録。

1,500円

※表示価格は本体価格（税別）です。

大川隆法ベストセラーズ・未来に夢のある政治を

夢は尽きない

幸福実現党 立党10周年記念対談

大川隆法　釈量子　共著

日本の政治に、シンプルな答えを──。笑いと熱意溢れる対談で、働き方改革や消費増税などの問題点を一刀両断。幸福実現党の戦いは、これからが本番だ！

1,500円

君たちの民主主義は間違っていないか。

幸福実現党 立党10周年・令和元年記念対談

大川隆法　釈量子　共著

日本の民主主義は55点!？　消費増税のすり替え、大義なきバラマキ、空気に支配される国防政策など、岐路に立つ国政に斬り込むエキサイティングな対談！

1,500円

夢に、力を。

だから戦い続ける

釈量子　著

2019年の活動を総括しつつ、立党10年の節目に党首が見たこと、聞いたこと、感じたことを赤裸々に語りつくす。日本の未来を賭けて戦う幸福実現党の理想とは。

1,100円

トランポノミクス
アメリカ復活の戦いは続く

スティーブン・ムーア　アーサー・B・ラッファー　共著

藤井幹久　訳

トランプ大統領がツイッターで絶賛した全米で話題の書が、ついに日本語訳で登場！政権発足からアメリカ経済の奇跡的な復活までの内幕をリアルに描く。

1,800円

大川隆法　講演会のご案内

大川隆法総裁の講演会が全国各地で開催されています。講演のなかでは、毎回、「世界教師」としての立場から、幸福な人生を生きるための心の教えをはじめ、世界各地で起きている宗教対立、紛争、国際政治や経済といった時事問題に対する指針など、日本と世界がさらなる繁栄の未来を実現するための道筋が示されています。

2019年12月17日 さいたまスーパーアリーナ「新しき繁栄の時代へ」

2019年10月6日 ザ ウェスティン ハーバー キャッスル トロント(カナダ)「The Reason We Are Here」

2019年7月5日 福岡国際センター「人生に自信を持て」

2019年3月3日 グランド ハイアット 台北(台湾)「愛は憎しみを超えて」

2019年7月13日 ホテル イースト21東京「幸福への論点」

講演会には、どなたでもご参加いただけます。
最新の講演会の開催情報はこちらへ。⟹

大川隆法総裁公式サイト
https://ryuho-okawa.org